【実学・経営問答】高収益企業のつくり方

稲盛和夫

日本経済新聞社

まえがき

真摯に経営を学ぼうとする経営者の集まり「盛和塾」には、さまざまな業種から三千六百名を超える塾生が参加しています。その発端は、一九八〇年に私の講演を聞いた若手経営者たちから、どうすれば経営がうまくいくのか教えて欲しいと懇願されたことでした。私は、忙しさを理由に断りましたが、あまりの熱意に負け、ついに引き受けることにしました。

最初は、スケジュールの合間を見つけて、少人数で飲みながら話していたのですが、噂を聞きつけた参加希望者が後を絶ちませんでした。やがて、塾を組織的に運営しようという声があがり、全国各地に盛和塾ができるようになりました。

一人でも生きていくのが大変な世の中で、経営者はたとえ中小零細企業であろうと、従業員とその家族の生活を守っているのですから、たいへん立派であると思います。そういう重い責任を背負う経営者たちが、お互いに腹を割って悩みを打ち明け、励まし合い、研鑽する場として、盛和塾活動の輪は広がっていきました。

私は塾長として、塾生に優れた経営者に成長して欲しいという一心で、このボランティア活動に多くの時間を割いてきました。始めてからすでに二十年以上が経ちましたが、現在では、全国に五十二塾を数え、米国やブラジル、中国にまで広がりを見せています。

私は、盛和塾の中で、経営のベースとなる経営哲学について講義をするとともに、「経営問答」と呼ばれる経営指導を行っています。これは、塾生が実際に直面している経営上の問題を赤裸々に発表してもらい、それに対して、私が真剣に考え、心血を注いでアドバイスするというものです。

この問答が、同じように経営に悩んでおられるみなさまのお役に少しでも立てればと考え、本書を出版させていただくことにいたしました。今回は、「高収益企業のつくり方」にテーマを絞り、各章ごとにまず私の考えを述べたあと、関連する問答を掲載しております。

今回の出版に当たっては、盛和塾で問答に参加してくれた塾生のみなさま、長年盛

経営問答風景——質問者にとってかけがえのない回答となる

和塾活動を支えてくれている盛和塾事務局の福井誠顧問に心より感謝します。また、本書の編纂に当たってご尽力いただいた日本経済新聞社出版局編集部長の西林啓二氏、原稿整理に協力してくれた京セラ執行役員秘書室長の大田嘉仁、同秘書室経営研究部の木谷重幸にも謝意を表します。

バブル崩壊の後遺症もようやく癒え、日本経済には転機が訪れようとしています。この機を捉えて、企業を率いるリーダーたちが、経営の原点に立ち戻るとともに、経営に対する自信と誇りを取り戻せば、日本経済は必ず蘇ると確信しています。

本書が、経営に携わるみなさまのお役に立ち、日本企業の活性化の一助となることを心より祈念しています。

稲盛　和夫

二〇〇五年三月

第三章 パートナーシップで経営する

装丁　三村淳

序章　会社の存在意義を問う

私は京セラや第二電電（現ＫＤＤＩ）の経営に携わってきた経験から、トップが持つ経営理念、哲学によって会社経営は大きく左右される、ということを実感してきました。それは言い換えるならば、会社は、誰もが共感できるような次元の高い目的、大義名分を持つべきであるということです。

そのことに気づいたのは、私が京セラを創業した時のことでした。私が鹿児島大学を卒業した一九五五年は、たいへん就職難の年であり、特に私のような地方大学出身者にとって、就職口を見つけることは至難の業でした。大学の恩師の紹介でようやく就職できた京都の碍子《がいし》メーカー、松風工業《しょうふうこうぎょう》は、倒産寸前の会社でしたが、就職先のない私は、喜んで京都の地へ赴きました。

その会社で私は、新しい研究分野であるファインセラミックスの開発を任され、寝食を忘れてその研究に打ち込みました。その結果、研究を始めて約一年後、高周波絶縁部品に用いる、新しいセラミック材料の合成に日本で初めて成功しました。

私の開発したセラミック材料は、幸いにも松下電子工業（松下電器産業の子会社で二〇〇一年に親会社に統合）のテレビ用ブラウン管の絶縁部品に採用されました。折しもテレビ放送の人気が高まり、テレビが急速に普及していた時代だったので、私は製品の量産、納品に追われる日々を送ることになり、会社の業績改善に大きく貢献することができました。

ところが、入社して三年が経った頃、新任の上司である技術部長と新製品開発をめぐり意見が対立し、それが原因で私は会社を辞めることになりました。これからどうしようかと悩んでいたとき、以前上司だった青山政次《あおやままさじ》さんが、「君の技術を活かす会社をつくろう」と、大学時代の友人らに呼びかけ、新会社設立のための資本金三百万円を集めて下さいました。

その出資者の一人である西枝《にしえだ》一江《いちえ》さんは、自分の家屋敷まで担保に入れて、運転資金一千万円を用意して下さいました。また、前の会社の仲間たち七名が、私についてきてくれました。こうして昭和三十四年、中学を卒業したばかりの二十名を含めた従業員わずか二十八名の零細企業として、京セラはスタートしました。

企業の真の目的に気づく

前の会社で上司と意見が合わず辞めた経緯もあり、今度は私が誰にも遠慮せずに研究開発ができるよう、創業の仲間たちは「稲盛和夫の技術を世に問う場」として、会社を創業しようと言ってくれました。私も今度こそ自分の力が思う存分発揮できると思い、大いに奮い立ちました。また、西枝さんが自分の家屋敷を担保に入れて借りて下さったお金をできるだけ早く返そうという思いがあり、みんなが一丸となり、夜を日に継いで必死に働いた結果、初年度より黒字を出すことができたのです。

ところが、ようやく事業が軌道に乗り始めたと思った矢先、思いがけないことが起こりました。創業二年目に入社した高卒社員十一名が、突然団体交渉を申し入れてきたのです。血判状までつくって、将来にわたる昇給、賞与の保証を求めており、要求が認められなければ全員辞めると言い出しました。私は、「できたばかりの会社で、毎日必死に働いて、なんとか会社を守っているのに、将来のことまで約束すれば嘘になる。とにかく、みんなが入社してきて心からよかったと思える会社にするため全力を尽くす」と答えました。

それでも信用できないという彼らを私は三日三晩説得し続けて、最後には、「私を信用してついて来て欲しい。もし私がみなさんを騙すようなことがあったら、そのときは私を殺してもかまわない」とまで言いました。すると、ようやく納得し、会社に残ってくれることになりました。

こうしてその場は解決したのですが、その時、私は大きな重荷を背負ったと思いました。私は会社を「稲盛和夫の技術を世に問う場」と思っていたのに、新しい従業員たちは、会社に自分たちの生活を保証してもらうことを期待したのです。

私の家族は空襲により家を失い、戦後、貧しい生活をしていました。私は七人兄弟の次男で、大学まで行かせてもらったのに、まだ自分の親兄弟の面倒すら十分見ることができていませんでした。それなのに、その私が会社を始めてしまったばかりに、従業員の生活まで面倒見なければならないというのです。さすがにやり切れない思いでいっぱいでした。

「会社の目的とはいったい何だろうか」。私は改めて考えざるを得ませんでした。しばらくの間、悩み続けた結果、私は会社経営の真の目的は、エンジニアである私の夢を実現することではなく、従業員とその家族の生活を守っていくことだと気づかされたのです。

その時から、私は「稲盛和夫の技術を世に問う」という当初の目的を捨て去り、京セラの経営理念を「**全従業員の物心両面の幸福を追求すると同時に、人類、社会の進歩発展に貢献すること**」と定めました。このように経営の目的を明確にした瞬間から、私には何をするにも迷いがなくなり、みんなのためにいかなる苦労もいとわないという、新たな決意が湧いてくるのを感じました。

それ以来、私はいい加減な仕事をしている従業員を見つけると、「あなたを含めた全従業員の幸福のために会社はあるのだから、みんなで一生懸命に働かなければならない」と叱るようになりました。全従業員のためという大義名分があったからこそ、私自身、何の気兼ねもなく、従業員に対して堂々とリーダーシップを発揮することができたのです。誰もがその実現を心から望み、苦労もいとわず努力しようと思うような大義名分が存在すれば、全従業員は力をひとつに合わせることができるのです。

人間が全身全霊で打ち込むには大義を必要とします。「大義」とは個人の利益ではなく、世のため人のためという「公」の利益のことです。当時の京セラには資金も技術もありませんでした。しかし、大義名分のある目的、すなわち経営理念を掲げたおかげで、全従業員の心がひとつにまとまったのです。そのことが京セラを今日まで発展させてきた最大の理由であると私は思っています。

純粋な思いから第二電電を創業

こうした思いをさらに強くしたのは、一九八四年の「第二電電の創業」でした。日本経済が電気通信事業の自由化という大きな転換期を迎えていた頃ですが、私は以前から、日本の長距離通信料金の水準が欧米と比較してあまりにも高く、国民にとって大きな負担となり、日本経済の健全な発展を妨げていると考えていました。

この機会にどこかの大企業が名乗りを上げ、日本の通信料金を引き下げて欲しいと期待していたのですが、巨大な電電公社（現ＮＴＴ）を敵に回すことはあまりにもリスクが大きく、誰も一向に手を挙げようとはしません。たまりかねた私は、京都にある一企業のトップにすぎない自分の立場を忘れ、電気通信事業への進出を真剣に考えるようになりました。

しかし、これだけ巨大なプロジェクトなので、安易に着手するのではなく、自分自身の心を確かめるため、「自分が電気通信事業に乗り出そうとする動機は、世のため人のためという純粋な思いなのか。そこに一片の私心もないか」と何度も自分自身に問いかけました。それから、半年間、毎晩寝る前に「**動機善なりや、私心なかりしか**」と自分に問い続けたのです。そうして、ようやく「私の動機は世のため人のためであり、心に一点の曇りもない」ことを確信するようになりました。すると、いかに困難な事業であろうとも、国民のために絶対成し遂げようという勇気が湧きあがり、第二電電の創業を決断することができたのです。

ところが、最初は誰も手を挙げなかったこのプロジェクトも、京セラが名乗りを上げると、国鉄系や日本道路公団・トヨタ系の二社が続いて名乗りを上げ、結局、三社競合でスタートすることになりました。この三社の中でも、京セラを母体とした第二電電は、通信事業の経験がなく、通信インフラや通信技術の蓄積がないことから、他の二社と比べて圧倒的に不利だというのが前評判でした。

大義名分が事業を成功へと導く

ところが、不利な条件でスタートしたはずの第二電電が、新電電三社の中でトップを走り続け、現在のＫＤＤＩへと発展していったのです。不利な条件を覆して、なぜ新電電のトップを走ることができたのか。それは、第二電電の従業員が、国民のために役立つ仕事をしたいという大義名分に燃えて仕事に励んでくれたからです。

創業当初から、私は「今我々は、通信事業の自由化という、百年に一度あるかないかの歴史的な転換点に立っている。このチャンスを生かし、国民のために、長距離電話料金を少しでも安くしよう。たった一度しかないこの人生を、意義あるものにしようではないか」と従業員に訴えました。私の思いに共感してくれた第二電電の従業員が、意気に感じて懸命にがんばってくれたのです。

そのひたむきな姿を見て、第二電電の代理店の方々が応援をして下さり、さらにお客さまもあたたかい声援を送って下さるようになりました。こうして、純粋な心を持つ人々が第二電電の周囲に集まり、後押ししてくれたので、事業を成功へと導くことができたのだと思っています。

その後、第二電電は、国際通信のKDD（国際電信電話株式会社）、携帯電話会社のIDO（日本移動通信株式会社）を合併し、現在のKDDIという新しい会社になっています。

第二電電の創業の精神はそのままKDDIにも引き継がれ、今日の躍進の原動力となっています。誰もが劣勢を予想した第二電電が、新規参入の通信事業者の中でトップを走り続け、創業から二十年後には連結ベースで売上三兆円に達する会社になっているのです。

この事例からも、「企業経営には純粋な思いに端を発した高邁な目的、大義名分が必要である」ということが、分かっていただけると思います。

企業の最高責任者である経営者は、「会社は何のために存在するのか」、つまり会社の大義とは何かということを自らに問いながら、あるべき姿を追い求めなければなりません。経営者が大義名分を定め、それを本気で貫き通せるかどうかによって、企業の成否は決まるのです。

まず、経営者が次元の高い目的、大義名分を確立し、そのような会社の目的、意義を全従業員に示し、理解と協力を求め、経営者自身がその実現に向かって率先垂範することが、会社を発展させる原動力となるのです。

第一章　高収益の基盤を築く

◉ 高収益体質をつくる

高収益にはどのくらいの利益率が必要なのか

新聞や書籍では「あの企業は高収益だ」という表現がよく見受けられます。しかし、会社には本来どのくらいの利益率が必要なのかということは、今まであまり議論されてこなかったと思います。利益率は高ければ高いほどよいのですが、それでは、高収益とはどのくらいの利益率を指すのかについて、今のところ誰も明確な答えは持っていないようです。

また、ある業種では全体的に利益率が高く、ある業種では利益率が低いというように、業種によって利益率に格差があるとも言われています。たとえばゲームソフト会社は一般的に高収益と言われていますが、ゲームソフトが大ヒットした時は利益率がたいへん高くなる一方、ヒットしなければ極端に低くなります。ですから、一概にゲームソフト会社の利益率が高いとは言えません。したがって、業種によって一律に利益率の高低が決まっているとは言い難いのです。

京セラ創業一年目は、売上高に対する税引前利益率が約一〇%でした。当時、大手製造業の利益率は数%程度でしたが、それでは経営環境が大きく変化していく中で安定した経営はできないと考え、製造業の利益率は本来どのくらいあればいいのかと、私は考えるようになりました。

そこで、着目したのが銀行の金利でした。その頃、ある銀行の支店長と親しくなり、こういう会話をしたことを覚えています。

「銀行というのは儲かる商売ですな。楽して儲かるんじゃありませんか」と私は支店長に尋ねました。

普通なら、「そんなことありませんよ」と答えそうなものですが、その支店長は気さくな方で、「そうなんです。稲盛さんもそう思われますか」と返事をされました。

「そう思いますよ」

「いや、許認可の問題さえなければ、私個人でもやりたいぐらいです」

当事の銀行は、まるで鵜飼のようにお金にヒモを付けて泳がせておき、そのヒモを年一回たぐり寄せれば、五％を超える金利がついてくるといった具合でした。貸したお金は何もしなくても二十四時間、勝手に金利を稼いでくれるのです。一方、製造業はと言えば、ヒト、モノ、カネを総動員し、朝から晩まで額に汗して働き、やっと儲けを得るわけです。

もちろん、銀行が何もしていないわけではありません。お金が回収できないと損失を被るわけですから、貸す相手を十分審査しなければいけません。その他にもさまざまな苦労はあると思いますが、それにしても、製造業が必死に努力して、金利より低い利益率しか稼げないというのでは、あまりにも情けないと思いました。

そこで私は、「我々は知的財産を駆使して、従業員の匠の技を用い、額に汗して製品をつくっているのに、銀行の金利程度の利益率しか儲からないのではばかばかしい。我々は、せめて金利の倍ぐらいの利益率、つまり一〇％以上の価値を創造すべきである」と考えるようになったのです。

公正な市場競争の下では、価格は市場で決まります。自由経済では、多くの同業者と厳しい競争があり、独占的事業でもない限り、自分勝手に高い値段をつけることはできません。したがって、同じ商品を市場価格で販売して、高収益をあげようとすれば、徹底的にコストを引き下げるしかありません。それには、高い利益率を目標として、懸命に努力していくしかないのです。

そのため私は、多少乱暴な言い方かもしれませんが、「事業を営む以上、税引前で最低一〇％の利益率をあげられないようでは経営のうちに入りません。高収益と言うのであれば、少なくとも一五～二〇％は利益率がなければならないのです」と言って、みんなが高収益になるよう促しています。

それでは、製造業以外の業種はどうでしょうか。たとえば流通業を例にとれば、商品を仕入れて売りますから、売値から仕入値を引いた粗利により利益が変わります。たとえば、家電製品のような一般消費者向け商品であれば、製品を売るために宣伝広告がいりますし、在庫もいりますから、少なくとも三〇％ぐらいのマージンは必要なのではないでしょうか。そうすると、人件費も含めた販売管理費を二〇％以下に抑えれば、一〇％以上の利益率を残すことができます。

このように、どんな業種、業態であっても、商売の仕方を工夫し、懸命に努力すれば、一〇％以上の利益率をあげることは可能なはずです。

事業により得られる利益は、額に汗して努力した人間の知恵と労働の結晶です。たとえ二〇%を超える利益率をあげたとしても、決して不当なものではありません。実際に欧米の優良企業や京都のハイテク企業などでは、この程度の利益率を出しているところは少なくありません。公正な競争の下で、高収益をあげることは、経営者の勲章でこそあれ、非難されるべきことではないのです。

経営の原則は「売上を最大にし、経費を最小にする」

では、こうした高収益を上げるには、どのような原則に基づいて経営すればよいのでしょうか。私の場合は、**「売上を最大にし、経費を最小にする」**という非常にシンプルな原則を貫くことで、高収益経営を実現してきました。

京セラを創業して間もない頃、私は経営の経験や知識を持たず、経営について何も分かっていませんでした。そのため、支援をしてくれた会社の経理部長に経理の実務を見てもらっていました。

月末になると、その人をつかまえては、「今月の収支はどうですか」と尋ねるのですが、彼の答えは専門用語が多くて、技術者出身の私にはよく分かりませんでした。そこで私は物事をシンプルに捉え、「売上から経費を引いた残りが利益ならば、売上を最大にして経費を最小にすれば、結果として利益も増えていくはずだ」と考え、それ以来、「売上を最大にし、経費を最小にする」ことを経営の原則としてきました。この原則を実践してきたことが、京セラを高収益へと導いてくれたのです。

経営の常識では、売上を増やせば経費もそれに従って増えていくものと考えられがちです。しかし、高収益をあげるにはそのような常識にとらわれず、とにかく売上を最大にし、経費を最小にするための創意工夫を徹底的に行うことです。

たとえば、ある町工場の現在の売上が百万円で、そのための人材と設備を持っているとします。受注が百五十万円に増えたとすると、普通は五割増の人員と設備を準備して、百五十万円の生産をこなそうとするでしょう。しかし、そのような足し算式の経営では、収益性を高めていくことはできません。

受注が五割増えても、生産性を高めることによって、人員や設備は二、三割増に抑えます。また、売上が大きく落ち込むような事態になっても、経費をとことん減らすことで、利益の減少を最小限に抑えます。そうすることによって、高収益を実現し、維持することができるのです。

また、売上を最大にするためには、値段の決め方が重要なポイントになります。売値が高すぎると在庫の山を築くことになりますし、売値を思い切って下げれば、商品はよく売れるでしょうが、それでは利益は出ず、いくらコストを下げても採算がとれません。商売の秘訣は、お客さまが納得して、喜んで買って下さる最高の値段を見抜き、その値段で売ることです。値決めは事業の死命を決する重大な判断であり、最終的には経営者が決断すべきであると私は考え、そのことを「**値決めは経営**」であると申してきました。

なかでも、画期的な新製品の場合は、同業者との競争がないため、自分で値段を決めることができます。したがって、一般の会社のようにコストに標準的な利益をプラスして値段を決めるべきではありません。経営者が慎重に知恵を絞って値決めをする必要があります。

こういう場合、値決めの判断基準となるのは、新商品のお客さまにとっての価値なのです。つまり、お客さまがその値段で買って、十分な価値があると認めていただけるなら、コストの大小にかかわらず、その値段で販売できるのです。我々の知的創造活動により付加価値の高い独創的な新商品を生み出し、その商品価値に応じた価格で売ることで、高収益を実現することができるのです。

塾生の質問を確認しながら、親身になってアドバイスする著者

【経営問答二】自社の拡大、強みづくりのための投資は正しいか

◉質問

曾祖父の代より印刷業を営んでおり、取扱品目は、会社案内、チラシ等の商業印刷物が五〇％、伝票等の事務用印刷物が二五％を占めています。当社の地域には、ライバルが七社ありますが、当社がシェアの五〇％を占めております。年商は約四億円ですが、低価格化により採算面では厳しい状況にあります。現在の資本金は一千万円、正社員、パートを合わせて総勢四十名です。

本日は、厳しい印刷業界において、独自の強みを生み出していくにはどのようにすればよいか、また当社の目指すべき方向性の是非について質問させていただきます。

まず当社の得意分野等について説明します。一つ目は営業面において、「スピードイズ　ベスト」というカルチャーが、全社員に徹底できていることです。二つ目は、昭和四十七年に求人広告紙の発行を開始し、広告媒体を持ったおかげで安定的な受注と、自社の知名度を向上させることができたことです。現在では、毎週十三万部を発行しています。三つ目は、パソコンにより会社案内を素早く、安くつくれる、イージーオーダーによる制作のノウハウを持っていることです。

弱みとしては、地元から都市の需要に狙いを定め、隣接都市を攻略しようとしていますが、攻めきれないでいる点です。都市部での知名度が低いこと、また都市部の業者は最新鋭の機械を揃えており、デザイン力、企画力も優秀であり、なかなか思うようにはシェアを伸ばせていません。

私は、当社を九州一の印刷会社にしたい、若い優秀な社員がイキイキと働ける職場にしたい、当社を育ててくれた地元に貢献したいと考えています。そのためには、この厳しい環境の中で当社独自の強みをつけ、他社との差別化を図る必要があると感じています。また、そうしなくては、今後生き残ってはいけないと思っています。

そこで、当社の目指す方向性として次の六点を打ち出しています。

一、地元でのシェアの維持と拡大
二、隣接都市での広告媒体の拡張
三、「スピード イズ ベスト」というカルチャーの徹底
四、企画提案力の強化
五、生産力の強化
六、地元の郷土文化の発信拠点となる新社屋建設

勝ち残っていくためには、企画提案力に生産力の裏付けが必要だと考えています。ハードの裏付けがあって初めて、企画提案力が生きてきます。そのためには、印刷機械の更新が必要です。わが社の設備は十年前のもので能率が悪く、現在のコスト競争に勝てません。試算したところ、設備投資総額は一億三千万円になる見込みです。

また、当社を地元郷土文化の発信拠点にすることに関して、具体的には、新社屋を建築して現在手狭になっている工場を移転し、新社屋の三階を市民大学の事務局や、地元の高齢者の方の自分史セミナーなどを開催する場所に使ってもらおうと考えています。そのようにして、わが社を育ててくれた地域の文化を外部に発信したいのです。

新社屋の建設資金については、二億八千万円必要です。現在の借入金、機械設備の更

新と合わせると約五億円になります。そこで、まず機械設備の更新をして、五年で借入金を返済したあと、新社屋を建設するという段取りで、段階を追って実行していこうと思っています。

たいへん欲張った方向性ですが、これでよいのか、また得意技の拡大に投資がいるという自分の考えが正しいのか、大きな負担を抱えてもそれを実行すべきなのか、当社の目指す方向性の是非について、指針となるアドバイスをいただきたいと思います。

◉回答　利益採算面を向上させ、まず基盤を築け

高収益体質をつくることが前提条件

曾祖父の代に始められた印刷業をさらに伸ばしていきたいというので、六つの方向性をお話されました。

一番目の地元でのシェアの維持拡大はよいことだと思います。この地域では競争会

社が七社あるにもかかわらず、その中で五〇％のシェアを維持し、さらに拡大する努力をしていかれることは非常によいと思います。二番目の隣接都市で仕事をしていくには、さらにデザイン力や企画力が必要なので、もっと腕を磨いて隣接都市におけるシェアも取っていきたいとお考えです。私はそれもいいと思います。

それから、三番目に「スピード イズ ベスト」をモットーに仕事をしておられます。お客さまからのレイアウト等の相談にも迅速に対応するので、評価も高いということですから、そういう企業文化をさらに推し進めていかれるのは、結構だと思います。四番目の「企画提案力の強化」までの考え方はその通りだと思います。

しかし、企画力等を増してくれば、次にはどうしてもそれを裏打ちする生産力が必要となるので、新たな設備投資をしなければならない。そのためには今持っている印刷機械が古いので、これを買い換えたいとお考えです。この五番目のお考えについては注意が必要だと思います。

新規の設備投資の総額は一億三千万円ということですが、印刷機械の償却期間を十年としても、一年間に千三百万円の減価償却費が発生します。売上が四億円ということなので、仮に経常利益率が五％なら、利益額は二千万円程度になりますから、それなら減価償却費が年間千三百万円増加しても、まだ七百万円の利益が残ります。

ところが、この設備を五年間で償却しようとすれば、毎年減価償却費が、二千六百万円も増加し、経常利益率が五％のままなら赤字になってしまいます。

競争力を高めるため、どうしても一億三千万円の設備を入れたいのであれば、十年といった長期間で減価償却を行い、毎年少なくとも売上の五％の経常利益を出すことが、至上命題となります。そうできれば、赤字転落することなく会社を経営することができるのです。

十分な利益を確保できる値段のつけ方

これは言い過ぎかもしれませんが、あなたの会社は、利益採算面での工夫が足りないのではないかという気がします。高いシェアも握っておられますし、スピーディな仕事をされる。リーズナブルで競争力のある値段を提供して、お客さまからは喜ばれておられると思います。しかし、そのために、薄利多売になっているのではないかと思うのです。

私はいつも盛和塾で、「値決めは経営」と言っていますが、これは非常に重要なことです。値段というのは、高すぎても売れないし、安すぎても利益がなくなってしまいます。ですから、お客さまが喜んで下さる一番高い値段で値決めをしなくてはならないのです。自分が満足する高い値段ではありません。お客さまが喜んで買って下さる最高の値段であり、それを超えてしまうと、お客さまが逃げてしまうというぎりぎりの値段です。

その値段を決めるためには、たとえば値段を徐々に上げていって、この値段ではお客さまが逃げてしまうなどという実験ができればいいのですが、逃げたお客さまは二度と帰ってきませんから、それは不可能です。ですから、値決めは慎重さを要する経営の最も重要な要素であり、トップが心血を注いで決めるべきものです。

周辺の同業者の値段などをよく調査した上で、お客さまの身になって、どの値段だったら満足できる最高の値段であるか、その一点に絞り込んで考えることです。ちょっとした値決めの違いで、経常利益の三、四%はすぐに違ってくるものです。

今後の印刷物は、会社案内にしろ、折り込み用チラシにしろ、スピーディにデスクトップ・パブリッシングの技術を使って、コストを下げてつくると言われます。しかし、それをただ安く売るというのではなく、営業ともよく相談をして、値段を調整することが大切だと思います。

どうしても一億三千万円の設備を入れて、同業者に負けない仕事をしようと思われるのであれば、「最新鋭の設備を入れると、年間千三百万円の減価償却費がかかる。設備投資を償却できないのでは話にならないから、どうしても売上の五％程度、つまり、二千万円程度の経常利益をあげなくてはならない。売上から経費を引いた利益を五％以上確保するには、最低これだけのマージンが取れるような値段にする」と決めるべきです。

綿密に採算を管理することは、経営にとって大事なことです。そうした厳しい採算管理をする覚悟があれば、印刷機械の設備投資をされても結構だと思います。

本社はオンボロでもよい

最後に六番目の新社屋建設です。あなたは、五年後に新社屋を建てて、会社を郷土文化を発信する拠点にしていきたいとおっしゃいましたが、これはまだお止めなさい。本業が十分に一人歩きできないのに、そんなことをしていてはどうにもなりません。新社屋に二億八千万円もかけて、年間の売上を超える、総額五億円もの借金を抱えるなんて、とんでもない話です。社屋というのはオンボロでもかまいません。外見が悪くとも、印刷機械さえ立派であれば、事業に差し支えないのです。

京セラは創業後三十九年経って、年商が連結ベースで七千億円を超えるようになってから、初めて本社らしい本社を建てました。それまでは、メーカーですから工場にお金をかけても、本社にはお金をかけませんでした。現時点では、新社屋の建設はお止めになったほうがいいと思います。

【経営問答二】トップとして何を優先課題に取り組むべきか

◉質問

当社の事業はビルのメンテナンスです。売上は五億円弱。事業の内訳は、メンテナンス事業が八～九割を占めており、その他にコンピュータ・システムの開発をやっており、それが残りの一～二割です。採算面では利益率三％程度という低い水準を行ったり来たりしています。

利益率が低い原因は何だろうかと自分なりに考えたところ、当社の従業員が、私が言ったことしかやろうとしないからではないかと思っております。つまり、自分自身で考えて仕事をするという意識がなく、そういう体制になっていないことが、大きな原因だと考えています。

私は、全従業員に積極的に仕事に取り組んでもらえるように、会社の事業を清掃、設備工事、コンピュータ・システム、設備管理の四つの部門に分けております。また、年始めに各部門にそれぞれ計画を立ててもらい、年度計画を上回った利益が出た部門には、成績に応じてボーナスを上乗せし、逆に下回った部門はボーナスを減らすといった方法をとっております。

こうして自分なりに社内の活性化を図ってきたつもりですが、社内の諸政策の照準が定まっていないのが現状です。営業力を強化したいと考えたり、ビルの増改築に伴う設備コンサルティングをしたいと思ったり、従業員が自分で立てた目標を客観的に評価できるマニュアルをつくりたいと考えたり、あれもこれもしなければならないという思いばかりが先立ちます。結局、どれも中途半端で終わってしまい、私自身、何から先に始めたらよいか、優先順位が分からなくなっています。

利益率が三％をウロウロしているのは、私自身の経営者としての心構えに問題があるのか、具体的な経営手法が問題なのか、何が原因なのかはっきり分かっていません。従業員から質問されても、答えに窮している自分に自信をなくしています。

逃げるつもりはないのですが、先代から受け継いだ事業であり、自分がやりたくてやったわけではありません。誰にも負けない努力をしろと言われても、弱音を吐きたくなるというのが本音です。

こんな私が取り組まなければならない課題と、その優先順位についてお教え願えればありがたいと思います。

◉回答　現場に出て、泥まみれになって仕事に精通すること

採算単位を細分化せよ

あなたは今、「自分がやりたかったわけではないが、ビルメンテナンスの事業を親から引き継いだ。その事業をやっていく上で、試行錯誤を繰り返しながら、何から先にやればよいのか分からず、大変困っている」とおっしゃいました。

私は専門家ではありませんが、ビルメンテナンスは魅力のあるビジネスだと思いま

す。ビルの清掃や空調、動力関係など、いろんな機械のメンテナンス全般を引き受ける仕事ですから、そういうノウハウ、知識を持った従業員さえいれば、たとえ競争は厳しくても、創意工夫により、いかようにでも事業を展開できる、たいへん面白いビジネスだと思います。そういう魅力あるビジネスをお父さんから引き継いでおられながら、今おっしゃったようなことでは困ります。

なぜ経営がうまくいっていないか。それは、あなた自身がビルメンテナンスの事業をよく理解していないことが原因です。お父さんの跡を継いで、漠然と仕事を続けておられるから、そうなってしまったのだろうと思います。

あなたにとっては、まず現状を正しく把握することが必要です。たとえば、事業を清掃部門、設備管理部門等に大きく分けて管理しておられますが、ビルごとに採算を管理してはおられないと思います。それではドンブリ勘定も同然です。私がもし、ビルメンテナンスの会社を始めるとすれば、採算単位を細分化し、経営の実態を詳細に把握しようとするでしょう。

たとえば、ビルの設備管理では、ビルの地下にあるコントロールセンターで空調やボイラーの運転を監視する業務がありますが、それを一つの採算単位にします。また、同じビルで夜間の清掃を担当すれば、それも一つの採算単位になります。そうして、一つひとつのビルの仕事を細かく分けて管理していくと、どのビルのどの部門が儲かっているのか、赤字なのかが明確になり、採算を上げるためにどのような手を打てばよいのかも分かるようになります。つまり、それぞれのビルの各事業を独立採算で管理することにより、各々の採算を向上させることができるのです。

採算が向上し、それぞれの部門で利益が出るようになれば、他のビルからも同じような仕事の注文をとってきます。そうすれば売上も利益もどんどん増えるので、あなたも経営が一段と面白くなるはずです。

業績を直接ボーナスや賃金に反映してはならない

次に、賃金制度についてですが、あなたがおっしゃったような、部門ごとの業績に連動してボーナスを増減させるような方法を、京セラはとっていません。盛和塾でもそれはしてはいけませんと常々言っています。

なぜなら、人間というのは、業績が上がり、ボーナスが上がる時はみんな喜ぶのですが、業績が下がり、ボーナスが下がる時は、やる気を失ってしまうからです。

部門ごとの業績によってボーナスを上下するということは、あまりにもドライな方法であり、計画以下の利益しか出ない部門の人間はやる気を失ってしまいます。一時的にボーナスが増えて喜んでいる部門も、計画以上に利益が出なくなり、ボーナスも増えないとなれば、急に醒めてしまい、意欲がなくなるのです。

ですから、京セラでは、業績のいい部門には、ボーナスで報いるのではなく、その功績を賞賛することにしています。「みなさんの部門がよくがんばってくれたおかげで利益が増え、会社全体としても収益が上がり、みんなのボーナスを増やすことができました」と言って、精神的な栄誉を与えているのです。

あなたは二代目とあって、いろんなことを勉強していますから、がんばってくれた人に業績相応の報酬を出してあげるべきだとお考えです。そのために、従業員が自分で立てた目標を客観的に評価できるようなマニュアルをつくろうとか、ビルの増改築に伴う設備コンサルティングをやろうとか、新しいアイデアを次々と思いつかれていますが、それが的を射てないことが問題なのです。

核となる事業に徹し、オンリーワンを目指せ

ですから、今は新しいことを次々考える必要はありません。あなたはビルのメンテナンス事業と清掃事業に徹するべきです。清掃事業であれば、「掃除のことなら私どもにお任せ下さい。床でもタイルでも、どこよりもピカピカにしてみせます」と言えるように技術を磨き、誠意あふれるサービスを提供するのです。そうしてお客さまの信頼を得ることができれば、注文が次々と舞い込むはずです。

そうなるためには、まず自分の仕事をよく知ることです。難しいことをすることが立派なことではありません。単純な仕事でいいから、狙いを絞って、それに打ち込むべきです。それにはまず、あなた自身が現場を知ることです。実際に自分で掃除してみて、どういう装置や道具を使って、どうすればうまくいくのか、どうすれば効率が上がるのか、身をもって体験することです。

あなたの場合、今まで管理職を中心にやってきたので、末端の仕事をよくご存知ないと思います。もっとスマートな経営をしたいというので、人事評価をどうしようかとか、マニュアルづくりを進めようとか、そんなことばかり考えています。本当の経営は、そんな綺麗ごとでなく、もっと泥臭いものです。

数カ月間でいいから、現場をつぶさに見て歩いて下さい。現場を知らずに、「ああせい、こうせい」と言っても、誰も話を聞きません。あなた自身が仕事の要点を把握し、業務内容からコストまですべて見ることができて、初めて核心を突いた指導ができるようになるのです。

現状を調べ上げて、必要な対策を打ち、利益率が一割出るところまで持っていけば、従業員も張り切りますし、あなた自身も事業に対して面白味が出てくるはずです。利益が出るようになれば、営業ももっと積極的になります。新しいビルができるたびに、「清掃のご用命は当社へ。どこにも負けない仕事をします。当社のお客さまに聞いてみて下さい。私どもの会社ほど美しく仕上げる会社は他にないとおっしゃるはずです」と言って注文を取るのです。

頭でっかちになるのではなく、本当にお客さまに喜んでもらい、利益が出せるような経営をして下さい。私はいつも、最低でも利益率を一割は出しなさいと言っていますが、中には一割なんてとても出せないと思っておられる方がいます。しかし、出ないと思っているから出せないのであって、どうしても出すと思えばできるはずです。利益が出ないことには、働いている従業員も、経営者も元気が出ません。

今の会社で一割の利益率が出せない人は、どんな会社の経営を任せられても一割の利益率を出せないでしょう。それはその人が、「いやあ、それは無理だ」と思っているから、それが心理的なバリアとなり、一割の利益率が出せないのです。「必ず出せる」と思ってとことん取り組めば、どうすれば利益を出すことができるのか、自ずと見えてくるはずです。そうして会社の規模と利益が大きくなってきたら、今度は進んだ経営の仕組みをつくっていけばいいのです。

ビルメンテナンス業では聞こえが悪く、格好いいように思われたいと、コンピュータ・システムの開発等に手を出しておられるようですが、商売に貴賤はありません。ビルメンテナンスは、お客さまに喜んでいただいてお金がもらえるのですから、本当にやりがいのある仕事です。

自分の仕事に誇りを持って働けば、それが天職です。そう思って、あなた自身がもっと現場に入り、従業員と一緒に創意工夫に取り組み、すばらしい会社にして欲しいと思います。

【経営問答三】親会社に頼らず、自立の道を拓くには

◉質問

当社の事業内容は、①梱包資材、物流機器の販売、②運送手配業務、③倉庫構内作業、④製版業務の四つです。人員は十二名、資本金一千万円ですが、利益率はまだまだ低い状況です。

この会社は本来、段ボールメーカーである親会社の高齢者対策で作られた会社でしたが、子会社単独で物流システム販売と製版の内製化という固有の事業展開を図っていくことが期待されています。そこで親会社で設備関連技術を担当していた私に白羽の矢が立ち、専務として入社し、二カ月の引き継ぎの後、社長に昇格することになり

ました。

それぞれの事業内容を簡単に説明します。①梱包資材、物流機器の販売では、親会社が販売している段ボール箱に付属するテープやバンド、段ボールを組み立てる物流機器を販売しています。②運送手配業務は、親会社の段ボールをお客さまに納品するための物流手配です。③倉庫構内作業では、段ボールの倉庫整理等を行い、④製版業務というのは段ボール箱への印刷のための製版業務です。

それぞれの事業は親会社のサポートを第一にしてきましたが、親会社だけでなく、直接お客さまに包装デザイン、ディスプレイ等を提案する営業や、また包装関連の物流システム機械を販売するビジネスが見込めるため、将来に向けての事業展開の施策を早急に打ち出したいと考えています。

しかし、いざ実行となると、どういう手順でこれに取り組むべきか、また、社員といっしょに夢を語れる社長になるには、どのようなステップを踏んでいけばいいのかなど、まだまだ自信が持てません。日頃から留意しなければならない心構えも併せて、ご指導をよろしくお願いします。

◉回答 「知恵」を使って、既存事業に集中して利益を伸ばせ

仕事の採算性を高めよ

あなたのご質問の状況は、ベンチャービジネスを始める時と同じです。技術は持っていて、その技術でベンチャー事業を始めようと思っているが、事業化に対しては不安があるわけです。その技術を使って周辺事業もしたいのだけど、どうだろうかと躊《ちゅう》躇《ちょ》しておられます。

あなたの場合、親会社でずっとサラリーマンをしてきて、親会社があまりしたがらない倉庫の仕事や運送の手伝いや雑事をする、高齢者対策の会社の社長として派遣された。すると今度は、「親会社の仕事ばかりに頼らないで、自分でビジネスを展開し、自立していく道を考えろ」と言われた。要するに、親会社の下請けとして今まで学んできた物流システム機器の販売や製版業務の経験を活かして、「自分でもっと仕事を高度にして、自活できるようになれ」と、親会社から言われたわけです。

さあ、そこからが始まりです。あなたの会社は、親会社の下請けをやってきた。しかも、その内容は段ボールをつくっている親会社が必要な、紐やテープといった諸々の副資材を高齢の社員を使って調達するといった、誰にでもやれそうな仕事です。それをもとにあなたは新たな事業を展開しようとお考えです。

みなさんのなかにも、「今やっている事業がうまくいかないので、新しい事業を始めたいが、なかなかいい事業が見当たらない」と嘆いている方がおられると思います。今のご質問を聞いて、「比べては悪いが、ウチの仕事のほうがまだ将来性がある」と、思った方もいるかもしれません。しかし、結論から言えば、今の事業でも十分やれると思います。

事業というものは「知恵」さえ使えば、いかようにでも展開できるものです。あなたは、「わが社は今まで親会社の下請けとして地味な仕事をやってきましたが、今後はこういう仕事をして会社を発展させていきますから、従業員のみなさん、大いに希望を持って働きましょう」と言いたいのだと思います。

それにはまず、親会社からもらっている仕事の採算性を高めなければなりません。どこにでもありそうな仕事で、親会社もやりたくない儲からない仕事で採算をよくすることは至難の業だ、と思いがちですが、そんなことはありません。創意工夫をして一人当たりの生産性を向上させればよいのです。

今はわずかに利益が出る状態だそうですが、その仕事で利益を増やすことが急務です。「口で言うのは簡単だが、そううまくはいかない」と思われるかもしれませんが、実際、私にはこんなことがありました。

京セラの物流事業部の誕生

京セラは、北は北海道から南は鹿児島まで工場があります。それらの工場から客先へ製品を輸送する運送業務、倉庫管理業務というのは、複雑多岐にわたっています。運送業者に、長距離トラックなどでデリバリーをしてもらう。お客さまからはこの品物については一週間ごとにこれだけずつ納入しなさい、といった細かい指示がありま す。納品する部品数は膨大な数になりますが、それを日本中のいろんな場所の倉庫に集配して、そこからお客さまの要求に応じてデリバリーをしていかなければなりません。京セラが何千億円と売り上げていく中で、そういう発送業務の経費が相当な金額にのぼっていました。

京セラの営業管理は、製品納入に対して非常に神経を使います。納期が遅れたりすればお客さまの信用を失いますから、重要な仕事として位置づけて、徹底した管理をしてきました。その物流業務を当時の伊藤謙介社長が事業部化して、独立採算にしようと考えました。そこで誰か事業としてやる人はいないか、と社内公募をしたところ、ある工場長が、「私にやらせて下さい」と、手を挙げたのです。

物流を独立採算の事業部にするといっても、すぐに運送会社を始められるわけではありません。運搬は以前と同じように外部の運送会社に発注するのですが、それぞれの事業部からは今までと同じ委託料しかもらえませんから、従来の値段で発注したのでは利益は出ません。そこで彼は、今までグロスで発注していた内容を細かく分析し、工場ごとに取扱製品に適した運送会社を選定し、運賃交渉を行いました。また、それまでトラック中心であった輸送手段に、飛行機、鉄道、船などを加え、最適なものを選ぶようにしました。

同時に入出庫、梱包などの社内の出荷業務も大幅に改良改善を進めたことで、出荷にかかわる従業員の数も減り、高齢者やアルバイトでも十分できるようになりました。

このようにさまざまな面で創意工夫をした結果、事業部設立時から三年間で、京セラの売上は一・五倍になったにもかかわらず、物流事業部の人員は減少しました。つまり、物流の事業部化により生産性と収益性を高めることができたのです。

さらに各事業部でやっていた製品・資材品の発送などの仕事を、「値段は今までの費用より安くさせていただきます」と言って、取り込むように努力しました。事業部にしてみればコストが下がるわけですから、もちろん「やってくれ」ということになります。その結果、年間何十億円という物流経費から一五％もの利益率がでるようになったのです。

これにより物流事業部は自信をつけて、今後は京セラの仕事だけではなく、京セラ運送という会社をつくって、倉庫業務から何から全部やりたいとまで言っています。

利益率の改善なしに夢は語れない

今やっている仕事は地味ですから、従業員の意気も上がらず、あなたも従業員も、やれと言われたからやっている状態だと思います。しかし、そういう仕事であっても生きがい、働きがいを見つけて、「今度からこうしよう」と、社長のあなたが従業員に語りかけることが大事です。その上で、徹底した合理化を行い、生産性の向上を図り、今まで親会社が儲からないと思っていた仕事で、一割の利益を出せるようにしていくのです。

一割の利益率を出せれば、みんなに自信が生まれます。そうしたら親会社に「社内でやっても儲からない仕事を、私たちにやらせて下さい」と言って、新しい仕事をもらうのです。それをまた自分で儲かるようにしていけばよいのです。

もし、「これ以上おまえのところに出す仕事はない」と親会社に言われれば、その時は他の会社に行って注文をもらえばよいのです。親会社の安い下請けの中でも利益を出せるなら、その実力は業界内で負けないコスト競争力となっているはずです。

現在わずかの利益しか出ていないその仕事で税引前利益率一〇%を出せるようにする。それができれば、さらに大きな夢が語れるはずです。まず、創意工夫をこらし、コストを懸命に引き下げ、利益率を一〇%にしてから、次なる手を打つべきです。

【経営問答四】ＯＥＭ主体の事業で収益を改善するには

◉質問

眼鏡および眼鏡フレーム、サングラスを製造しています。大正六年、祖父がメッキ業を生業とする会社を創業し、その後、眼鏡フレームの金メッキ法の開発を手がけたことがきっかけとなり、眼鏡フレームの製造を始めました。

父の意向もあり、昭和五十七年、私は大学卒業と同時に当社に入りました。当時の会社は、顧客である大手レンズメーカーと共同で、世界に先駆けてチタンフレームの開発に成功し、業績もよく、非常に活況を呈していました。

その頃は、眼鏡が単なる視力補正機器から、ファッションアイテムへと変化し始めた時でもありました。有名ブランドとライセンス契約する企業が増えるなど、業界ではデザインや色への関心が高まっていました。

しかし、当社では、相変わらずOEM生産（相手先ブランドによる受託生産）が一〇〇％で、得意先からデザイン画や図面をもらってきてはそれをつくるという、下請け的なスタイルをとっていました。そのことと品質を重視する経営理念が相まって、まったくと言っていいほど、デザインに無関心な会社でした。また、得意先と言えば、大手レンズメーカーのほか、全部で五社しかなく、一〇〇％OEM生産でしたから、営業部門すらありませんでした。

私はデザインの重要性や販売力の強化を主張しましたが、当時チタンフレームは言い値に近い値段で売れていましたから、経験のない私の言葉は聞き入れてもらえませんでした。当時の状況を考えれば、仕方がなかったと思います。

状況が一変したのは、それから二、三年後でした。当社が技術開発の先行者利益に浴している間に、他社が次々にチタンフレームの開発に成功し、独占状態は崩れ、単価もどんどん下落していきました。また得意先の五社のうち中心的な一社が、当社に発注しなくなり、大きな打撃を受けました。

そこで、営業部門をつくり、新規の顧客獲得を始めると同時に、企画、デザインができる体制づくりに着手しました。つまり、企画提案型のOEM生産に移行したのです。顧客の商品ラインやブランドに合った商品企画やデザインを提案し、注文を受ける体制にし、わずかながらも自社ブランド製品の販売や海外への販売も始めました。

現在、OEM生産が約九五%、自社販売が五%程度という比率になり、得意先も百社を超え、売上も徐々に増えてまいりました。

このように提案型のOEM生産に移行したことで、商品企画やデザイン提案もできる便利なメーカーだという認識を得ることができ、得意先数も増え、受注も安定してきました。しかし、企画やデザインは、付随するサービス程度としか理解してもらえず、販売価格の改善には、なかなか結びつかないのが現状です。

当社にとって、現在の粗利の低い状態を、どのように改善していくかが最大の課題であり、ご意見を伺いたい点です。最低でも二〇%以上の粗利を取れるようにしたいと考えており、そのためには、OEMを主体とする現在の業態をこのまま継続すべきかどうかが、重要なポイントになると思っています。

粗利を取りやすい自社販売の割合を増やすという方法がありますが、これには在庫リスクが伴い、ヘタをすれば販売経費がかさんで、かえって利益率を低下させる可能性があります。また、マーケティング、販売力、企画力の増強も急務となります。その上、市場において既存のOEM顧客とバッティングする可能性も考慮しなければなりません。

それでも自社販売の割合を、現在の五%程度から三〇%ぐらいにまで高めたいと思っています。現在の受注は季節変動が激しく、生産性向上の阻害要因になっており、自ら計画できる自社販売は、受注の波を緩和するバッファーになるからです。また、自社ブランド品を生産することは、社員のモラール向上にもつながると思います。

自社販売の割合を三〇%程度としたのは、堅実なOEM生産をベースにしながら、三〇%ぐらいを自社販売に移行するのが、リスクを最小限に抑えながら粗利を増加させる最適なポイントだろうと考えているからです。

全力で努力するつもりでいますが、リスクが増える選択に対して、迷いがまったくないわけではありません。粗利の改善策としてOEM主体の業態を変化させるという考えに対して、アドバイスをいただければと思います。

◉回答

下請けに徹して、生産性を十倍に上げることを考えよ

提案型受注活動への移行は業態進化の証

今の話を聞きながら、京セラが成長してきた過程を思い浮かべました。

私はファインセラミック材料を開発し、その技術をもとに京セラを創業したわけです。しかし、当時はまったく新しい材料で、どういった製品をつくったらいいのか分からないものですから、大手電機メーカーに、「私はこういう電気絶縁性能を持った新しい材料を開発しました。エレクトロニクス関係の絶縁部品で、何かお困りのことはありませんか」と聞いて回りました。すると、研究部門の人たちから、「実はこういう真空管をつくろうと思っているんだが、そこにはこういう絶縁材料で、こういう形状のものが欲しい。つくってくれないだろうか」というような依頼を受けました。その時、私はできるかどうか分からないものでも、「はい、分かりました」と引き受けて、それを必死で作り上げて、納めていったのです。

これは、お父さんがやってこられたこととまったく同じです。違いは、お父さんはチタンという材料、私はセラミック材料というだけです。用途から仕様まで全部、取引先が考えて、取引先がつくった図面をもらい、その図面通りのものをつくって納めていきます。しかし、それでは他社に売り込みに行くことができません。そこで私も、あなたがやったのと同じように、だんだんと自分で製品を企画するようになっていきました。

今のＩＣ（集積回路）ができる以前、まだトランジスタが出始めた頃でした。私は、「あなたがおつくりになるトランジスタを格納するには、私がつくった絶縁材料でこういう形状のものをつくれば、うまくいくんじゃありませんか」と図面を引いて客先に提案しました。その提案がうまくいき、A社が使ってくれるようになりました。すると、それをB社にも持っていき、B社も使ってくれる。そういうふうに自社で企画、デザインして売る、ということをやって業態を進化させていったのです。

安易な自社ブランド品は、下請けメーカーの陥りやすい罠

最初は、京セラも松下電子工業だけが納入先だったのです。私の場合はセラミックスという絶縁材料で作った部品を納めていましたが、松下の下請けには、ラジオに使う成型部品をつくる会社もあれば、金属の板金が専門で、真鍮の板を打ち抜き、部品をつくる会社もある。金属を旋盤で加工して納める会社もある。松下という大きな家電メーカーの裾野には、異業種の下請けがいっぱいあり、そういう下請けの人たちが集まる松下共栄会という組織がありました。大企業の中には、今でもそういう組織をつくっているところがあると思います。

その会員は松下に注文をもらっている人たちですから、松下に足を向けて寝ることができないほど感謝しているに違いないと私は思っていました。ところが、その会に出席してみると、感謝するどころか、大半の人が文句ばかり言っているのにビックリしました。

ある年輩の親父さんに至っては、「あんた、若いなあ。取引が始まったばかりか。我々は値段をとことん値切られ、生きた心地がせん。そのために潰れる会社もあるんや」と平気で言うのです。

そういう雰囲気の中で、気の利いた経営者は、「いつまでも下請けをしてたら、あきまへんわ。自社製品がないからこんな惨めな思いをするんや。やっぱり自社製品をつくらなあきまへん」と言っていました。普段から下請けの悲哀を感じているので、下請けの部品メーカーから完成品メーカーに転ずるべきだというのです。

あなたは、粗利の低い下請けから脱却し、今ある五%の自社ブランドを三〇%にしていきたいが、あまり自社ブランドを広げすぎると、受注先と競合する恐れがあるので、三〇%ぐらいに留めておこうと思っておられるわけです。しかし、自社ブランドを三〇%もやれば、必然的に受注先との競争が起こりますから、今の段階では、やらないほうがいいと私は思います。

自社ブランドで販売するには、企画、デザインから宣伝、販売、在庫管理とお金がかかります。その割合を三〇%にしても、五〇%にしても、一〇〇%にしても、同じように莫大なお金がかかるのですから、三〇%ぐらい自社ブランドをやってみたところで採算が合うわけがありません。同じやるなら一〇〇%です。そのかわり、在庫のリスクや広告宣伝費を負担し、販売の流通チャンネルもつくるといった、今までにない、たいへん大きなリスクを背負うことになります。ですから、自社ブランド品は下請けメーカーにとって悪魔の誘惑です。安易に誘いに乗ってはいけません。

発想の転換が、驚異的なコスト削減を生み出す

では、薄利の下請けのままでいいかというと、もちろんそうであってはなりません。あなたが言われるように、下請けではいくらデザインやアイデアによる提案型の営業をしても、取引価格にはあまり反映されないのが普通です。提案をしてもしなくても、安い値段はいっしょだとおっしゃいましたが、提案をしない会社よりは、あなたの会社のほうが受注する確率が増すわけですから、提案は続けるほうがいいのです。

ではどうすれば利益率を上げていけるのか。売値が上がらないのなら、メーカーには生産性を上げ、合理化していく以外に利益を増やす方法はありません。

そう言うと、これまでも相当、生産性を上げてきたのに、これ以上どうやって合理化をすればいいのか、と思われるかもしれません。

松下幸之助さんがお元気な頃、こんなことがあったそうです。テレビの値段がどんどん下がっていくので、ブラウン管をもっと安くつくらなければならない、どうやって原価を一割下げようかと、松下の社内で技術者たちが集まって議論をしていました。そこへ幸之助さんが通りかかって、その議論を黙って聞いておられました。一向に結論が出ないまま、侃々諤々《かんかんがくがく》の議論が続く。時間が過ぎ、その場を去ろうとした幸之助

さんは、ひと言、「みなさんね、一割下がらんのやったら、三割下げることを考えたらどうや」と言って帰られたそうです。

一割下げようと思うから、長時間の議論をしても結論が出ないけれども、三割下げようと思えば、今の設計や材料、工程に至るまで根本から見直す必要があります。つまり、大きくコストダウンをするなら、今の延長線上ではダメで、根本から発想を改めるべきだと、幸之助さんは教えたかったのです。

堂々と胸を張って下請けに徹せよ

先ほども述べましたように、創業当初の京セラは、松下電子工業の下請けでした。下請けゆえに、受注のたびにいつも値下げを要求されました。

最初は値切られまいと思い、いろんな方法を考えました。しかし、ある時、私は考え方を変え、「所詮、下請けなら、値下げは避けられない。それなら、その値段で儲けが出せるよう、とことん安い値段でつくろう」と思うようになり、あらゆる創意工夫をして、生産性を上げることに全力をあげました。つまり、下請けの境遇から逃げようとせずに、問題に真正面からぶつかっていったのです。その結果、下請けにもかかわらず、同じ製品をつくって十分な利益率を確保することができました。つまり、下請けでも、ものづくりの発想を根本から変えれば、十分に利益をあげることができるのです。

こうして下請けで鍛えられたことは、後に京セラのアメリカ市場進出にも役立ちました。当時のアメリカの一流電子機器メーカーは、世界最先端の製品をつくっており、品質、技術、価格の三拍子が揃わなければ、部品を採用してくれませんでした。しかし、京セラ製の部品は、松下にとことん鍛えられたおかげで、すべての条件をクリアし、みごと採用されたのです。

ですから、下請けだからといって卑屈になる必要はありません。昔、新聞記者たちから、「京セラは、エレクトロニクス業界にはいるが、ただの下請け企業ではないか」と言われた時代がありました。それに対して私は、「そうです。下請けです」と、堂々と答えていました。そして私は、従業員に自分たちの仕事に誇りを持ってもらうため、「日本のエレクトロニクス産業を底辺から支えているのは、優れた技術を持つ下請けだ。世界の半導体産業の基盤を支えているのは京セラなのだ」と言ってきました。

あなたは自社ブランド製品を生産しなければ、従業員のモラールも向上しないとお考えのようですが、そんなことはありません。たとえ自社ブランドでなくても、誰にも負けない品質と価格でものづくりに徹するなら、自分の仕事にもっと誇りを持つべきです。

毎日のように技術者といっしょになって試行錯誤せよ

ＡＶ機器などのＯＥＭ生産を主体とするある会社には、たとえ不況であっても、世界中からひっきりなしに注文がきています。世界の名だたる家電メーカーが、その会社にＯＥＭ生産を依頼しているのです。その理由は、生産性をとことん高めて、一般のメーカーでは逆立ちしてもできない値段でつくっているからです。みんな悔しいけれど、そこに注文を出すしかないわけです。

ＯＥＭであっても、その会社はものすごい利益を出しています。宣伝広告費はほとんど使わず、世界中のメーカーが頼みに来るので、生産量も拡大し、儲かるのです。すでに株式を上場していて、株価もとても値上がりしているようです。

あなたのところは、すでに提案型の受注活動をされており、それはすばらしいことなのですから、その勢いで眼鏡フレームの工程を一から見直し、今の何倍にも生産性を向上させて下さい。

発想を変えれば、生産性を飛躍的に上昇させることは可能です。技術者といっしょに毎日のように現場に入り、今の生産性を五倍、十倍にすれば、ＯＥＭでも高い利益率を実現できるはずです。

第二章

挑戦し続ける企業を目指す

◉ 多角化の進め方

経営者に覚悟と集中力はあるか

企業とは本来、永続的に成長し続けるべきものです。鉄鋼や自動車メーカーのように、大きな市場を持つ事業であれば、企業が単一事業に特化していても成長を続けることができます。しかし、通常の中小企業が、限られたマーケットサイズの事業を専業で続ける場合、いつか成長の限界に突き当たります。

マーケットに限界がある以上、会社を成長させたいのなら、どうしても新規の事業を起こし、多角化を図る必要があります。特に、市場や経営環境の変化がめまぐるしい現代では、一つの事業だけを続けていると、その市場自体が、突如としてなくなる恐れがあります。一つの事業の盛衰により、会社の命運を左右されないためにも、多角化は必要となります。したがって、多角化とは、中小企業が中堅企業へと脱皮するための登竜門となるものです。

しかし、多角化には大きなリスクや困難が伴いますから、それにふさわしい準備が必要です。まず、会社が多角化に失敗しても、それに耐えうるだけの財務体質を確保しておかなければなりません。そのためには、既存事業を高収益体質にしておき、少々の損失が生じても揺るがない、確固たる財務基盤を確立しておくことが前提条件となります。

さらに、多角化の際、必要となるのは、経営者の心構えです。大企業でさえ多角化の成功例が少ないことを見ても分かるように、多角化には、計り知れない困難と苦労が伴います。多角化とは、険しい坂道を登るようなものだと私は言っているのですが、特に経営者には、どんな苦難にも負けない覚悟と、人並みはずれた集中力が要求されるのです。

新規事業の競争相手は、専業である場合が多く、その事業に社運をかけています。こちらは多角化だからと高をくくって、力を二分してライバルに立ち向かったのでは、とても勝ち目はありません。全力で向かってくる敵に勝つには、こちらも必死に戦わねばなりません。そのためには、次々と起こる経営問題を、すさまじいばかりの集中力で瞬時に判断しながら、誰にも負けない努力をするしか方法はないのです。

本業の経営判断でさえ難しいのに、多角化した事業の問題をすさまじい集中力で瞬時に判断するというのは、「言うは易く、行うは難し」です。普通の経営者であれば、忙しさのあまり、得てして判断を人任せとしてしまいがちです。しかし、多角化が失敗する原因はそこにあるのです。

そうならないために、私は経営者として「**有意注意**」で判断するようにしてきました。有意注意とは、どんな些細なことでも、意を注ぎ、意識を集中させて、物事を判断することです。そのためには、普段よりどんなことに対しても、気を込めて取り組み、真剣に考える習慣が必要です。

この習慣を身につけるには時間がかかりますが、いったん身につくと、研ぎ澄まされた集中力により、迅速かつ的確に判断できるようになります。多角化を成功させるには、どんなに忙しくても、この有意注意で判断することが、経営者に求められるのです。

会社が、少々のことでは揺るがない財務基盤を備え、経営者が人並みはずれた情熱を持つと同時に、どんな些細なことでも真剣に判断できるようになれば、いつまでも中小企業のままでいる必要はありません。勇気を持って多角化に乗り出すべきです。

得意技の延長か、トビ石を打つか

覚悟を決めて、多角化に乗り出すとして、次に問題となるのは、どのように多角化を進めていくかです。多角化の種は、自社の得意分野やマーケットの延長線上など、いろいろなところに隠されています。製造業で独自の技術を保有しているのであれば、その技術をもとに用途の異なる新製品を開発していくこともできます。営業力なら誰にも負けないというのであれば、新たなマーケットを開拓していくことも可能です。

多角化には、さまざまな攻め方があります。

京セラがまだ中小企業だった頃、私は自分の得意とする技術の延長線上に、多角化を考えました。私は碁をやらないのですが、経営を碁にたとえて、当時の幹部にこう話しました。「碁を打つ時でも、こっちを取ったからといって、下手に欲張り、トビ石を打ったのでは、相手にすぐ切られてしまう。下手は下手なりに二つの目をつくり、そこから石をつなげばいい。そうすれば失敗は少ないはずだ」。

多角化は経営者だけでなく、会社全体の資源を分散させます。そのため私は、現有する経営資源を活用することができ、シナジー効果を期待できる、保有技術の延長線上で、多角化を進めようと考えました。実際に京セラは、再結晶宝石、医療用セラミック材料、切削工具、太陽電池などへ次々と多角化を進めましたが、それは京セラが得意とするファインセラミック技術や結晶技術を応用した製品でした。

こうして保有する技術を核として、京セラは多角化を次々に進めていったのですが、やがて創業二十年を過ぎたとき、私はあえてトビ石を打つ決心をしました。まったく異分野である通信機器メーカー、サイバネット工業を救済合併することにしたのです。

サイバネット工業は、アメリカの市民バンドの無線機をつくって急成長した会社でしたが、トランシーバーの規格変更などで急激に業績が落ち込み、経営者の方が私に助けを求めてこられました。私はトビ石を打ってはならないと言ってきましたが、倒産しかけている会社を救うことは、世のため人のためになると思ったので、経験のない機器分野でしたが、思い切って会社の再建に乗り出すことにしました。

合併はしたものの、トランシーバーの注文はすでになく、赤字が続きました。さらに、合併した会社には一部に過激な労働組合もあり、私の自宅まで押しかけては誹謗中傷を繰り返すなど、苦労が絶えませんでしたが、これも旧サイバネットの従業員を救うためと、ひたすら耐え忍びました。

さらにこの再建が軌道に乗るか乗らないうちに、今度は通信分野の規制緩和が始まり、電電公社（現ＮＴＴ）に独占されていた長距離通信事業が、自由化されることになりました。私はかねてより、日本の長距離電話料金は非常に高いと憤慨していましたから、その料金を国民のためになんとか安くしてあげたいという純粋な思いから、第二電電を設立しました。

つまり、まったく経験のない新分野にもかかわらず、世のため人のためという、止むに止まれぬ思いからトビ石を打ったのです。しかも、第二電電の事業が始まって軌道に乗る前に、今度は移動体通信の時代が来ることを予見し、携帯電話のセルラー会社（現ａｕ）やＰＨＳのＤＤＩポケット（現ウィルコム）などの新会社を次々に立ち上げたのです。

いくら社会に貢献するためとはいえ、今まではまったく異なる分野にトビ石を次々打ったのです。これらの事業を成功させるには、トビ石の間をつないで、グループの総合力を発揮していく必要がありました。

そこで私は、京セラで移動体通信の端末となる携帯電話を生産することにしました。

この時、京セラの通信技術を支えたのは、救済した旧サイバネット工業の技術者たちでした。社内に受け継がれていた無線技術を応用し、セルラー向けの携帯電話やDDIポケット向けのPHS端末や基地局を生産しました。それらの製造には、京セラで生産している電子部品を利用し、機器と部品をトータルで開発するようにしたのです。こうしたダイナミックな多角化の連続により、京セラは既存事業と新規事業の間をつなぎ、シナジー効果を生み出し、グループの総合力をつけていったのです。

京セラの場合は、このようなダイナミックな事業展開をしてまいりました。会社が成長していけば、大胆な多角化も可能となりましょうが、会社が小さいうちから、トビ石を打つのはやはり危険が伴います。まずは、自分の得意技を磨き、その延長上に多角化を行うことを基本とすべきです。

謙虚にして驕らず

さらに、多角化を進めていく上で、もう一つ心せねばならないことがあります。企業は多角化という坂道を上がりながら大きくなり、安定期を迎え、また次の坂道を上がるといったプロセスを繰り返しながら成長していきます。ところが、最初の多角化

毎回、大勢の塾生がつめかける塾長例会での講話

が成功して、会社がある程度の規模になった頃に、思わぬ危機が訪れるのです。

それは、経営者が成功に有頂天になり、いつのまにか「天狗」になることです。多角化を成し遂げるほどの才覚ある経営者であれば、負けん気が強いので、「オレのおかげで成功した」と自信過剰になるものです。その結果、多角化を成功させるためには努力を怠らなかった経営者が、謙虚さを忘れてしまい、いつしか鼻持ちならない傲慢な人間になってしまうのです。

そうなると、周りの人心もいっきに離れてしまい、会社は急速に傾いていきます。そうならないように、私は盛和塾の塾生などに、たとえ事業が成功したとしても、**「謙虚にして驕《おご》らず。更《さら》に努力を」**と教えています。

多角化という厳しい上り坂を越えて自信をつけても、経営者は決して謙虚さを失ってはなりません。企業を成長させ続けるためには、どんな成功にも驕らぬよう、経営者の人間性を高めていかなければならないのです。

【経営問答五】小売業の拡大出店政策はこのままでよいか

◉質問

　書籍、玩具、雑貨の小売店を営んでいます。現在、従業員は五百名あまり、資本金は四千八百万円です。私が社長になってからは、積極的な出店政策を採っており、店舗数は合計三十四店舗です。売上高百億円を目指しており、一昨年の売上高は九十七億円でしたが、その後の売上は、むしろ減少しています。そこで九店舗を撤退いたしました。

　それでも特段のリストラをせず、今日までなんとかやってこれましたが、新規出店をしなければ会社がどんどん萎縮していくような不安を抱いています。私自身、新しい店を出すのはたいへん楽しく、「趣味は出店、道楽は借金」と、友人などに言っているくらいです。

今後、小売業が生き残っていくには、より集客力のある大型店をつくる必要があると考えていますが、長引く不況で、過剰投資による大手スーパーや競合店の倒産も多くなってきています。

これまではスクラップ・アンド・ビルドという出店政策を採ってきましたが、当社の出店に伴う借入金は、すでに月商の五カ月分にまで達しており、このまま拡大政策を続けていけるとは思えません。

経営環境の変化や経営資源の効率化の観点からも、現在の拡大政策はいつか行き詰まる気がしており、何らかの経営政策の転換が必要と思っています。この点について、ぜひアドバイスをいただきたいと思います。

◉回答　売上の大きさを追わず、店舗ごとの採算を高めよ

新規事業、新規出店は堅牢堅固な本丸をつくり上げた後に

私は盛和塾などで、「宇宙には、あらゆるものを生成発展させていく流れがあります。そのため、宇宙に存在するものは、植物であれ、動物であれ、一瞬たりとも留まらず、進化発展を続けています。ですから、企業も必死で努力し、成長し続けることが必要です」と言ってきました。

十億円を二十億円に、二十億円を五十億円に、五十億円を百億円にと売上を伸ばそうとすれば、当然、新しく店を出したり、店の規模を大きくしていかなければなりません。あなたの場合も、新店舗を次から次へとつくり、会社を大きくしてこられました。しかし、「趣味は出店、道楽は借金」という言葉に、私は背筋が寒くなる思いがしました。その考え方は間違っていると思います。

たしかに宇宙には万物を生成発展させていく流れがありますが、どのような環境で

あろうと、際限なく発展させていけるわけではありません。植物でも動物でも、与えられた環境に適合したものだけが成長していくのです。

たとえば、ツンドラ地域では、植物はコケ・地衣類しか生えません。いくら生成発展していくと言っても、寒さが厳しいツンドラの気候では、成長できる植物は限られています。しかし、温暖で雨が多い成長に適した地域では、大きな森林があり、巨木がいくらも生えています。つまり環境は、生物が成長する制約条件として働いているのです。

あなたの場合、今のままのやり方では成長に限界があると思います。今後も成長を続けるためには、資金力を蓄えることが前提条件となりますので、まず、すべての既存店の採算を向上させていかなくてはなりません。無理に売上高を増やすことよりも、今まで出店された店舗の収益力を高めることです。すぐに利益率一〇%とまではいかなくても、せめて七~八%は利益を出して、従業員の将来をなんとか守っていけるだけの体力をつける必要があります。そういう条件を無視して、拡大路線を突っ走れば、行き着く先は目に見えています。

戦後、流通革命の先頭を切ったダイエーは、スーパーの草分け「主婦の店・ダイエー」として創業し、一世を風靡したのですが、バブル経済が弾けても、M&A（企業の合併・買収）を繰り返し、銀行からの借り入れを増やし続けました。

本来なら、各店舗の採算を確保し、その実績を積み重ねながら、次の出店計画を模索すべきなのですが、拡大路線を急ぐあまり、既存店の赤字を放置したまま、大型店出店や新規事業進出を繰り返したのです。その間、本業のスーパーでは、現場のモラールが低下し、既存店舗の採算が悪化の一途をたどりました。結局、巨額の負債を抱えたまま経営に行き詰まり、巨大流通帝国は塗炭の苦しみに喘いだのです。

会社の規模は違いますが、あなたの場合も同じ轍を踏まぬよう、既存店の採算を確保することが急務です。しっかりとした経営管理手法を確立し、幹部を再教育することで、既存店の収益力を回復し、一つひとつの既存店を堅固な城にしていく必要があります。そうすれば会社全体の利益が上がるようになりますから、資金繰りも好転し、借入金も計画通りに返済できるようになります。

こうして後顧の憂いをなくしてから、新店舗進出について考えるべきです。もし、現在の書店、玩具、雑貨を今の商圏でこれ以上展開するのが無理だとすれば、新しい事業への進出を含めて検討すればよいのです。

本丸と出城の人員配置

創業間もない頃、私は開発したセラミック製品を日本の大手電機メーカーに売り込みに行きましたが、零細企業であった京セラは信用されず、なかなか製品を採用してもらえませんでした。

当時、日本の大手電機メーカーはアメリカの電機メーカーから技術を導入していました。「アメリカの一流メーカーが京セラの部品を採用したら、日本のメーカーも使わざるを得ないだろう」と考えた私は、市場をアメリカに求めました。英語も十分に話せないのに何度も渡米し、苦労の末、市場開拓に成功しました。やがて、アメリカからの注文も増えてきたので、現地に生産拠点を置かなければならないと思い、アメリカに工場までつくることにしました。

海外進出をする場合、普通の会社なら一番優秀な社員を派遣するのが一般的です。しかし、まだ人材が乏しかった京セラから優秀な社員を引き抜いて、アメリカへ連れて行ったのでは、本丸である日本の工場が弱体化してしまいます。敵に留守を突かれて本丸が落ちれば、我々は帰るべき城を失います。

そこで私は、もしアメリカから逃げ帰ってきた時でも、日本の本丸がしっかりしているなら、生き延びることができると思い、本丸の製造、営業等を、優秀なベテラン社員に任せることにしました。そして、経験の少ない若手社員を引き連れ、総大将の私自身がアメリカに乗り込んだのです。アメリカでは文化の違いもあり、多くの困難が待っていましたが、私が直接指導することによって、若手社員を精鋭へと変えていきました。日本にいる社員はもともと優秀ですから、そこに若手社員たちが新天地で育ってくれれば、会社にとって一石二鳥となります。

私はもともと慎重な性格なので、本丸を精鋭部隊にガッチリ守らせておきながら、自らが新しい仕事に取り組みました。新たな挑戦をする時は、たとえ前線で敗れ、逃げ帰っても、安心して帰れる強固な本丸を築いておくことが必要なのです。

足るを知った上での発展が事業の永続をもたらす

それから質問の中で、「どうしても大型店をつくる必要があります」とおっしゃいましたが、大型店は当然、通常店よりも大きなリスクを伴います。たしかに大型店は集客力もあり、売上を伸ばすのに大きく貢献してくれるでしょうが、土地や建物の賃借料、内装などに莫大な費用がかかります。集客のためには宣伝広告も必要になるので、採算面で大きな貢献をしてくれるとは限らないのです。

最近の小売業の実態を見ましても、新しく出店した店舗のおかげで売上は伸びていても、既存店が赤字体質のため、トータルで業績が不振となっている会社が多いようです。ですから、あなたはまず、従業員を守っていけるだけの十分な収益をあげられるよう、既存店の赤字をなくし、採算を向上させていかなければなりません。

従業員が二十八名しかいなかった京都の零細企業が、コツコツと努力を積み重ね、今日の京セラになるまで成長を続けてきました。なぜそれができたのか。それは、「世界一」という高い目標を目指して、あくなき挑戦と努力を積み重ねると同時に、やみくもに拡大路線をとるのではなく、**「足るを知る」**ことを実践してきたからです。会社や事業の置かれている状況を冷静に見つめ、決して暴走しなかったからこそ、大きくつまずかなかったのです。また、事業がうまくいっても、有頂天にならず、己を見失うことなく、地道な努力を重ねてきたから、発展を続けることができたのです。

逆説的に言えば、足るを知り、事業の基礎を固めたら、また新しい事業に進出すればいいのです。あなたの場合、今は既存事業の収益性を高めることに専念すべき時であると思います。

【経営問答六】 老朽設備の大規模改修のタイミングは

◉質問

私が現在経営しているホテルは、旅館やレストランを経営している義父の会社の一事業として、昭和四十六年にオープンしました。客室数五十七室、二百七十名収容の中規模の政府登録国際観光旅館です。

昭和五十四年に子会社として分離し、平成九年にホテルの経営権を私が譲り受けました。親会社からの完全独立にあたり、親会社名義の旅館建物や設備の買い取りなどで、新たに四億円近い借り入れをしたために、現在、九億円の売上高に対し、借入金が十二億円弱あります。利益は、償却前で一億円、償却後では四百万円です。従業員七十五名、資本金八千万円で、資金面は地元銀行と政府系金融機関から積極的な協力をいただき、これまでは無難に経営してきました。

建物や構築物、付属設備は一応の水準を維持していますが、本館の主要部分は、すでに法定耐用年数の半分である三十年を過ぎています。塩害も加わって老朽化が目立ってきています。大浴場や宴会場もオープン当初の収容力しかなく、お客さまのアンケートでも狭いことを指摘されています。

最近では温泉地の必需品となっている露天風呂も、現在の建築構造では設置が困難で、他館との競争で苦戦を強いられています。設備と商品力の双方から、大規模投資が必要な時期にきています。

具体的な改装計画の策定をコンサルティング会社に依頼したところ、この場所は海岸沿いにある国立公園の第一種特別保護地域であるため、建物の高さ、面積、色彩、およびデザイン等に制約が厳しく、改装に必要な資金は約二十億円かかるものの、改装後の想定売上は約十五億円という報告でした。

私自身、今の仕事につく前に、十年近く政府系金融機関で審査業務をしてきた経験上、自己資本比率が七％弱という不安定な財務状況下では、財務体質の強化が最優先課題であると認識しています。バブル期に戦略なき投資をし、借り入れ過多から破綻に追い込まれた同業者を数多く見てきただけに、改装にはどうしても慎重にならざるを得ません。

昨年からボイラーや大浴場の濾過器、あるいはエレベーターの制御装置、自家発電装置、配管設備など、お客さまの目に見えない部分の設備更新が、矢継ぎ早に発生しました。各々五百万円から一千万円単位と出費がかさむ上、大改装を実施した時点では、それぞれの耐用年数が相当あるにもかかわらず、すべて除却しなければならないという大きなムダが発生します。一方、宿泊売上は下降線をたどっており、早い時点で設備の充実など、抜本的な方策をとらなければ、ジリ貧になってしまうのではないかという焦りがあります。

そのような折、当社の株主でもあり、また従来からホテルの建物の改装等をお願いしている地元の建設会社から、三期ぐらいに分けて設備投資をしてはどうか、という具体的な提案をもらいました。また、メインバンクからも、積極的に協力する旨の申し出をいただいています。それでも、財務基盤に不安がある上に、経済の見通しが非常に不透明な時期であり、提案を受けるべきかどうか、判断しかねています。

進む も退くも難しい状況です。ひとつ判断を間違えると従業員も巻き添えにする可能性があるだけに、大いに迷うところですが、私としては大改造の第一期分の五億円をメドとして、宿泊客増加につながる最低限必要な改装を綿密に検討した上で、建設業者の提案を限定して受けたいと思っています。

この場合、売上は十二〜十三億円に増える見込みですが、このような判断が正しいのかどうか、塾長のアドバイスをいただければありがたいと思います。

◉回答　借り入れを重ねるよりも、パッチワークによるリニューアルを

仮定で語られる売上には何の保証もない

お話を聞いた限りでは、現在改装するのは危険だと思います。

「三回に分けてリニューアルしてはどうか」と人に勧められ、とりあえずは五億円ぐらいで改装しようと考えていらっしゃる。五億円で改装すれば、借り入れは十七億円

になるけれども、そのときには売上も現在の九億円から十二～十三億円ぐらいに増えるのではないかとお考えです。

たしかに借金は、さらに五億円の融資を受ければ、必ず十七億円に増加します。しかし、売上は、十二億円ぐらいに増えるのでは「ないか」と予測しているだけであって、下手をすれば九億円のままかもしれません。売上が増える保証など、どこにもないのです。

メーカーであれば、生産量の増加を確かめながら、設備投資を増やしていくことができますが、ホテルのような設備産業の場合には、改装を「やるかやらないか」で、一気に費用が変わります。たとえば、露天風呂が半分できただけでは使い物になりませんから、その費用は全部必要になるわけです。だからといって、売上が増える保証はどこにもありませんから、リスクはいやでも増えていきます。

もし、私があなただったら、改装に五億円も使おうとは思いません。おそらく五億円で改装するというのも、株主の方とか知り合いの建築業者、設計業者、そういう人たちが、「こうすればいい、ああすればいい」と勝手に見積もった金額だと思うのです。私であれば、老朽化して外観も汚く、お客さまからも不満が出るところがどこなのか、まずは自分の目で確かめ、必要なところからパッチワークで直していきます。

社員の手による工場美化運動が業績を好転させる

先日、京セラの傘下に入りました京セラミタの枚方工場に行き、一時間半ほど、駆け足で工場を見て回りました。三田工業は倒産をして会社更生法の適用を受け、その後、京セラミタとして再建され、京セラでプリンタ事業部長をやっていた人が社長に就任しました。

工場ができたのが昭和三十年代末で、鉄骨スレート張りですが、非常にきれいな工場でした。工場の道路にも塵ひとつ落ちていません。花壇もきれいに整備されて、雑草も生えていません。

その工場は、コピーマシンが印字する時のトナーの原料を、月に何百トンとつくっています。トナーというのはまさに煤です。その煤を扱っているのに、工場は床まで全部ペンキが塗られてあって、通路とそうでない部分も色分けされていて、普通のスリッパをはいて通れるほどきれいなのです。

実は三田工業が倒産した時には、足の踏み場もないくらいに汚れていて、ちょっと歩いただけでも、いっぺんに真っ黒になってしまうという状態だったそうです。こんなに汚くては生産工場とは言えないと、新任の社長が何度も話をして、みんなの力で徹底的にきれいにして、今の状態をつくり上げたそうです。

工場が汚れていたのは、トナーをつくる装置の中に粉塵の漏れる箇所があり、そこから粉塵が空中に舞っていたからです。そこで漏れが一切ないように、自分たちで装置を修理しました。また、ペンキを買ってきて、汚れていた外壁をみんなで塗ったそうです。その結果、今では汚れひとつありません。経費をあまりかけずに、そこに働く人たちみんなで工場をきれいにしていったのです。

トナー工場の隣には、ドラムと呼ばれる複写機の感光体をつくっている工場がありました。トナー工場も赤字なら、ドラム工場も赤字、工場全体が赤字だったのですが、会社更生法適用後一年あまりで、高収益を出す工場に生まれ変わったのです。

工場をきれいにしようと思えば、普通なら建築業者や塗装業者にお願いし、また、粉が漏れている装置は機械メーカーに頼んで修理をしてもらうでしょう。そうすれば、何千万円もお金がかかるはずですが、そういうお金は一銭も使いませんでした。自分たちでペンキを塗り、機械を修理して、すばらしい工場に変えていったのです。さらに、外観が変わっただけでなく、自分たちの工場をきれいにしようと思う従業員の心が変わったために、業績も好転していったのです。

現場を回り、自分の特技を生かした創意工夫を

あなたも、手始めにジーパンとズック靴姿で、現場を見て回られたらいいと思います。改装するのになぜ五億円もかかるのか。業者にすべて任せるのではなく、従業員みんなでやれば、もっと安くあがる方法があるのではないか。そんな疑問を持って、ホテルを見て歩くことが必要だと思います。

中小零細の旅館やホテルのオーナーというのは、建物や設備に相当興味があって、自分でも直そうというぐらいのこまめな人でなければ経営はできないと思います。オーナーとしてデスクに座って、業者を呼んで、すべてをやらせておけばよいというものではないはずです。

昔、鹿児島県の国分市に工場をつくった頃、その近くにある妙見温泉の旅館によく泊まりました。川のせせらぎの聞こえるところに建てられた、檜の数寄屋造りのすばらしい旅館でした。

聞いてみると、その旅館を営んでいる親父さんは、建築や設備に興味があって、地元の大工さんといっしょに、古ぼけた旅館を五年間かかってすばらしい数寄屋造りの旅館に直していかれたそうです。川に張り出したところに露天風呂があって、温泉に入りながらお酒が飲める。客室にお香が焚かれていたり、床の間には、藪椿が一輪、さりげなく生けてあったりする。

主人に絵心があったり、お茶やお花の趣味があれば、別にコストをかけなくても、そういうことができるわけです。旅館やホテルのオーナーには、そういう素養が必要だろうと思います。もし、あなたのようなやり方でいくと、華道の先生にお願いして、毎日お花を生けて下さいとなるでしょうが、そういう感覚からまず直すべきです。

今のあなたには、パッチワークで古い旅館を見事に再生してみせるしかないと思います。パッチワークで直しても、いずれ大改装をするのであれば、それは捨て金になると思われるでしょうが、大改装しなければならないという前提が、そもそもおかしいのではないでしょうか。莫大な経費をかけることなく、最小の経費でどこまでお客さまに満足してもらえるようなおもてなしができるかを考えるべきだと思います。

どこにも負けない、真心のもてなしを武器として

鹿児島の国分市に、京セラが経営するホテル京セラがあります。国分市には京セラの国分工場やソニーセミコンダクタ九州の半導体工場があります。そこには世界中からお客さまが訪ねてこられますが、古い旅館はあっても、海外の方が泊まられるような立派なホテルがありませんでした。

ですから、工場に来られるお客さまや業者の方々などは、鹿児島市内のホテルに泊まるため、タクシーで片道一時間ぐらいをかけておられました。私は常々、工場の近くに、世界の国々から見えたお客さまにも恥ずかしくないホテルが欲しいと思っていました。しかし、そういうホテルを鄙びたところにつくったのでは、採算が合わないと誰もつくってくれないので、それなら自分がやろうということになったのです。はじめの十年間ぐらいは赤字を出しても、町が発展すれば、採算も合うようになるだろうから、地域発展のためにも立派なホテルを建てようと始めました。

私はホテルを経営するにあたって、従業員たちにこう言いました。

「立地や設備のよいホテルが立派なホテルとは限りません。田舎であっても、あのホテルはすばらしいと言われるようなホテルを目指すのです。そのために一番大切なも

のは、従業員の心です。一度泊まったお客さまが、あなたたちの明るい笑顔と優しい思いやりに満ちたもてなしに感動されて、『また泊まりたい』と言っていただけるホテルにしたいのです。私は出張で世界の一流ホテルに泊まりますが、そういうホテルにはなかなか巡り会えません。ホテルをやる以上、お客さまに心からの喜びを感じていただけるホテルを目指したいのです」。私はこの思いをホテル京セラの経営方針といたしました。

京セラのようなホテル事業に素人の企業が参入する場合、建物や設備は自分たちでつくったとしても、経営については、通常、専門業者の方々にお願いするようです。しかし、ホテル京セラはすべて直営でやっています。ホテルの従業員も、京セラの工場の中から、「ホテルをやりたい人、手を挙げろ」と募集をした人たちです。ホテルの経営すべてを誰にも頼まないで京セラでやっています。

無茶と言えば無茶ですが、外部に委託すればホテル京セラの特徴である、どこにも負けないおもてなしの心を持った従業員で経営することはできなくなるからです。私のそういう気持ちをホテルの従業員が理解し、その心構えでやってくれているので、ホテル京セラは着実に業績を上げています。

あなたの場合、今の状況を地道に切り抜けていくべきではないでしょうか。今まで、慎重な経営で金融機関に信用もあるようですから、ここはさらに地道にやっていく。そのほうが安全であり、うまくいくと思います。

【経営問答七】シェア拡大のためにM&Aを成功させるには

◉質問

私はカーディーラーを営んでいます。前社長である父親が、昭和三十七年に当社をスタートさせました。モータリゼーションの進展に伴い、急速な拠点展開とシステムの構築により基盤を固め、昭和四十六年に、念願の県内トップディーラーとなり、現在もその座を堅持しています。

私は昭和四十五年、県内の他メーカーのディーラーの経営を引き受け、同社の経営を立て直しました。私は昭和五十二年に当社に戻ったのですが、その一カ月後に父が亡くなり、二十八歳という若さで両社の経営を継承し、現在に至っております。その間、県内でのメーカーの販売店事業や、赤字であった外車の販売会社の経営を引き受けました。

カーディーラーは競争の激しい業界ですが、当社は県内でディーラーを中心に、車関連事業を展開していきたいと考えています。社員またはグループ企業の社員を守っていくためには、やはりシェアが重要なファクターではないかと考えています。現在、県内での自動車販売シェアは一五%程度で、安定的に推移していますが、将来的には二五%を確保したいと考えております。

全体的なシェアアップを考えた時に、どうしてもM&Aを視野に入れた取り組みをしていく必要があります。そこで、M&Aを進めていくための準備や心構えはどうあるべきか、また、買収した企業の社員との心理的ギャップをなくすためには、どうすればよいのか悩んでいます。

私は会社の業績を社員に開示し、社内の一体感を醸成するとともに、買収企業の社員も含めた人材育成を図っていきたいと考えています。それについて何か秘訣があれば、お聞かせ願いたいと思います。

◉回答　三方よしの買収が企業のさらなる隆盛をもたらす

従業員を惚れさせる人間性が大切

企業経営に何が大事かと言えば、トップが従業員を魅了し、経営者の思うことを従業員が積極的に行ってくれるようになることに尽きると思うのです。そのためには、経営者は、すばらしい才能を持った上に、従業員を魅了する資質、つまり、従業員が惚れ込んでくれるような人間性を身につけていなければなりません。

また、私は経営理念が経営の根幹であると言っていますが、従業員が心から賛同し、「なるほど、社長の言う通りだ。私たちもがんばろう」と、共鳴してくれるような経営理念が会社になければなりません。

M&Aをする場合、まずは、「私は新しいオーナーとして、これからこういう経営理念で経営します。従業員のみなさんは、私についてきて下さい」と宣言しなければなりません。また、「今までの社長は朝から晩まで働けと言うが、ただ働かせるだけで何もしてくれなかった。それに比べて今度の経営者は、しっかりした経営理念を持ち、我々ががんばった結果についても、こうしてあげるという明確な方針まで持っている。この新社長に我々はついていきたい」と、従業員に思わせるようでなければなりません。

買収される会社の幹部から一般社員までが、新しく社長となるあなたについていったほうが、以前よりはるかに幸せになれると思えるような宣言がまず必要です。買収前にあなたがそういう宣言をして、従業員が買収を歓迎してくれる。M&Aはそういうものでなければならないと思います。

また、買収する会社が赤字企業の場合、赤字のままにしておくわけにはいきませんから、月次の決算を従業員に公開して、「この会社は今赤字で、たいへん困っています」と率直に話し、みんなの意識を共通にすべきです。その上で、「会社は必ず黒字にします。そのためには、今までのようにぬるま湯につかっているようではダメです。みなさんには必死でがんばってもらっていますが、業績がよくなれば、みなさんの待遇もよくしてあげます」と訴えることが大切です。

従業員を助けたい一心での買収

京セラもいろいろな会社を買収しましたが、最初に買収したのは、サイバネット工業という、トランシーバーなどをつくっている会社でした。たいへんな赤字を抱えていた会社でしたが、私は救済を求められ、経営を引き受けることにしました。

買収するにあたり、私はその会社の主な幹部を京セラの本社に招きました。お酒を飲んで、コンパが大いに盛り上がってきた頃、私は、「みなさんとお話する中で、サイバネット工業にはすばらしい人たちがいて、共にがんばれることを確信しました。ここで結婚を決めましょう」と言って、一つの会社となり、共に事業を再建することを誓いました。

その時、すでにトランシーバーの受注はありませんでしたが、なんとか事業を立て直そうとみんなが懸命に努力しました。その結果、サイバネット工業の通信技術をベースとして、京セラが携帯電話、ＰＨＳの生産などを行えるようになり、今では京セラを支える事業の柱となっています。

次に買収したのは、ヤシカというカメラのメーカーでした。この時も潰れかかっていた会社を助けて欲しいと頼まれたのです。事業の再建には苦労を重ねましたが、ヤシカの従業員のクビを切らず、京セラや第二電電の仕事でがんばってもらいました。ヤシカの人たちは今、「京セラに買収してもらって本当によかった。もし買収してもらえなかったら、多くの人が路頭に迷ったはずです。その我々が、時代の先端をいく重要な仕事をさせてもらっています」と、たいへん喜んでいます。この買収も両社にとって、非常にプラスになったと思っています。

人種偏見の垣根を越えたＡＶＸ社との合併

さらに一九九〇年には、アメリカのＡＶＸ社という会社を合併しました。ＡＶＸは当時、日本円にして七百五十億円の売上を誇る、アメリカを代表する電子部品メーカーでした。

実はＡＶＸ社との間には因縁めいた話があるのです。京セラを創業して四年目の頃、日本での市場開拓に苦しみ、私はアメリカに販路を求めていきました。当時の私はまだ三十歳で、京セラの売上も一億円ほどでした。アメリカでは最初に、当時隆盛を極めていたニュージャージー州のセラミックメーカーを見学しました。その時に見学した工場の責任者が、マーシャル・バトラー氏でした。バトラー氏はその後、何度か会社を変わられたようですが、最初の出会いから二十八年後、ＡＶＸ社を経営しておられました。

「エレクトロニクス産業は発展を遂げ、グローバル経営の時代を迎えています。この辺でお互いに同盟を結んで仕事をしていかなければ、ワールドワイドに展開できない時代です。京セラとあなたの会社を合併して、私といっしょに仕事をしませんか」と、私は提案しました。

バトラー氏も私と出会った当時のことをよく覚えていて、「あなたが当社に来られた時のことを覚えています。たいへん懐かしい思いがします。その後、あなたの会社が日本で大成功を収めていることも、新聞雑誌で知っていました。そのあなたといっしょに組むのなら、私も賛成です」と、答えてくれました。

そこで、「両社が合併することによって、世界の電子部品業界のリーディングカンパニーになり、お互いの従業員を幸せにしていこうと思います。また、ＡＶＸ社はニューヨーク証券取引所に上場しているので、株主の方々にも、喜んでもらえるようにしたいと思います」と、私は言いました。

こうして合併の話が進み出した頃、先方の株価は、一株二十ドル前後でした。合併するにあたって、私がその株を五割増しの三十ドルで買うことを提示すると、バトラー氏はオーナー経営者ですから、「三十ドルなら株主たちも喜ぶでしょう」と受け入れてくれました。ただし、京セラもニューヨーク証券取引所に上場していましたから、AVX社の株を現金で買うのではなく、京セラの株と株式交換をすることにしました。

ところが、双方の弁護士間で合併の詰めをしているうちに、相手も欲が出てきたのか、「もっと株式の値段を高くしてもらわなければ困る」と言い出しました。会社を買う場合、なるべく安く買おうとするのが普通ですから、当社の弁護士も京セラの役員も大反対しましたが、私は、相手が言った値段で株を買ったあとでも、その投資を回収できるかどうかを冷静に判断しました。その上で、「その値段でいい。相手に喜んでもらわなければ意味がないのだから」とみんなを説き伏せました。

その後も、先方より株式の買い取り価格を上げて欲しいという申し出がありましたが、私はなるべく買収される側の気持ちを汲んであげようと、相手の申し出を受け入れることにしました。

結局、相手の経営陣や株主たちが、みんなハッピーだと言える値段で、かつ合併後、私が経営していける値段で株式を交換しました。このことで相手の経営陣や株主たちも、京セラに信頼を寄せるようになり、買収を大いに歓迎してくれました。

ＡＶＸ社は東海岸のサウスカロライナ州に本社と工場を持っていますが、ここは東海岸でも最も保守的な州で、第二次大戦後も日本に対して好意を持っていない州でした。そういう地域でアメリカの企業が京セラの一〇〇％子会社になったわけです。実際、ＡＶＸ社が日本の会社に買収されるという噂が流れた時には、「日本人が来て経営者ヅラされたのではたまったものではない」という雰囲気だったそうです。

ところが合併後、私が最初にＡＶＸ社に行った時、従業員たちが総出で歓迎してくれました。日系人の従業員たちが書いた、「稲盛会長　歓迎！」という横断幕が工場のあちこちに貼ってありました。日本の会社にあまり好意を持っていなかった人たちが、熱烈な歓迎をしてくれたのです。それはＡＶＸの経営陣が、合併交渉の経緯を従業員に話し、「京セラはすばらしい理念を持った、礼に厚い会社です」と言ってくれたおかげでした。そういう気持ちは、いつの間にか会社で働く従業員にも伝わっていたのです。

こうした友好的な関係がベースとなって、ＡＶＸ社は合併した時に比べ、業績を飛躍的に伸ばし、合併して六年後には、ニューヨーク証券取引所に再上場を果たすという快挙を成し遂げてくれました。

力ではなく、徳をもって治める

この例からわかるように、買収では新しい経営者にみんなが心からついてきてくれるということが一番大事なのです。力の論理で相手を屈服させ治めていくのか、それとも徳や人間性をもって治めていくのか。それによって、買収後の経営はまったく違ってきます。買われる側も買う側も、みんなハッピーだと思うような買収をすれば、絶対に成功するのです。

買収した新会社は、権力でも、財力でも、技術力でもない、経営者の徳をもって治めていかなければなりません。あの人とならぜひいっしょにやっていきたいと思わせる徳を積み、相手の会社を従えていくのです。これがM＆Aを真に成功させる秘訣ではないかと思います。

【経営問答八】新分野に進出する時の成功の鍵とは

◉質問

当社は、プレス板金、溶接を主体に成長してきた自動車の試作部品メーカーです。私は大手自動車メーカーの研究所で、機械、技能の勉強をした後、父から社長を引き継ぎ、現在に至っています。

「常に一歩先を行く経営」を心がけ、手のひらサイズの単品の機械加工品から自動車などの大物部品まで手がけております。また、早期にCAD／CAMを導入し、設計のコンピュータ化に取り組みました。積極的な営業も功を奏し、この五年間で売上は二・五倍以上、従業員も二倍以上になるまでに成長しました。現在、従業員は百五十名、資本金は二千万円です。

しかし、自動車産業ではコンピュータ技術の革新により、物をつくらずにデザイニングし、シミュレーションで部材の強度解析をする技術が、近年急速に進んできました。今後はコンピュータ化がさらに進み、試作品そのものが減ってくることが予想されます。また、自動車部品の共通化、モデルチェンジ・サイクルの長期化など、試作品メーカーとしては不安要素がたくさんあります。

私としては、当社を中小企業から中堅企業にしたいと考えており、そのためには新分野へ事業展開し、会社の第二の柱をつくることが必要だと考えています。板金などを主体とする試作分野だけでは、マーケットが縮小した時の影響が大きいので、現在の技術を活かすことができる新分野への進出を考えました。つまり、現在の技術の応用分野で事業を拡張することを目論んだわけです。当初は、航空機業界、電子機器業界への進出を検討したのですが、先方が要求するコストに合わず、また、技術が追いつくまでに時間がかかり過ぎるため断念しました。

そこで、わが社が得意とする自動車業界において、材料置換という新分野で技術を伸ばすことにしました。つまり、部品の素材を金属から有機材料へ、あるいは有機材料からセラミックスへ転換するなど、同一分野における技術の拡張策をとったのです。その理由は、今までの事業とお客さまが共通であり、技術的にも共通する部分が多いからです。

三年後には新規事業を既存事業の三五%、目標年商を二十五億円にまで成長させていきたいと考えています。現在は社員に危機意識を持たせるべく、月二回の経営会議、週一回の企画会議などで進捗状況をチェックしています。社員に新規事業の必要性も説いていますし、また、少しずつ注文を取ってきて、実践の中で技術を磨くようにしています。

しかし、新規事業が思うようには進みません。開発のスピードをいかに上げるか、技術力をどう高めていくか、たいへん悩んでいます。

新規分野で事業を興すにあたって、どのような点に留意し、実行していけばよいのか、ご指導をいただきたいと思います。

◉回答　得意技で勝負し、自らの能力の成長にかける

多角化という死屍累々の坂道を行く

中小企業でありながら、いち早くＣＡＤ／ＣＡＭの技術を導入されて、急激に業績を伸ばしておられるのですから、あなたは今でも優秀な経営者であり、先見性もおありだと感心しております。

あなたはご自分の会社を中小企業から中堅企業にしたいとおっしゃいましたが、企業を成長させていくには、小さなマーケットであれば規模に限界があるため、どうしても多角化が必要となります。

しかし、多角化というのは、高く、険しい山を登るようなものです。自分の本業だけでも多くの競争相手がしのぎを削っているのに、多角化では新たに他の分野へ参入していくわけです。いろんな事業を展開していけば、精力が分散されてしまうため、不利になるのは当たり前です。

私は、以前にワコールの塚本幸一《つかもとこういち》社長（当時）と、次のような会話をしたことがありました。私が「ワコールは女性の下着メーカーとして大成功されているのだから、アウターウエア（衣服）にも進出されたらいかがですか。同じ女性が顧客なのですから、できるでしょう」と言いました。

すると、塚本さんは、「そんなに簡単にできるなら、誰も苦労はしない。下着で成功したからといって、アウターでも成功するとは限らないのだ。パジャマなどのナイトウエアに進出しているが、ワコールは後発メーカーで、苦戦を強いられている」と話されたのです。

ワコールを一代で築き上げた塚本さんでさえ、婦人向け衣料市場のアウターウエア分野に進出することは容易でないというのです。婦人服の嗜好や流行は変化が激しく、その市場は非常に細分化されています。同じ衣料品といっても、下着と衣服であれば、求められる感性やデザインが大きく異なりますから、女性下着でトップブランドといえども、婦人服で成功する保証はどこにもないのです。

戦後のマスコミの論調を俯瞰しますと、ある時は「多角化できない会社はダメだ」

と多角化を賛美します。そういう意見に踊らされて、多くの会社が多角化に手を出し、大火傷を負うようになると、今度は、「何にでも手を出す、ダボハゼのような多角化はダメだ。やはり本業に徹するべきだ」と態度を一変させるのです。

ことほど左様に、多角化とは難しいものです。その不利を承知で多角化することは、トップにしてみればたいへんな苦労を伴いますので、その神経の使い方は並大抵ではありません。だから、私は「**多角化というのは、険しい坂道を登るようなもの**」と表現しているのです。

京セラの場合は、テレビのブラウン管に使われるU字ケルシマという絶縁部品の製造からスタートしました。これは私が開発したファインセラミック技術をベースとした製品で、テレビブームとともに順調に売上も伸びていました。それでも、技術の進歩により、その製品がいつか使われなくなるのではないかという危機感が、私にはありました。

注文がなくなれば、従業員が路頭に迷ってしまう。そういう危機感が私にありましたので、顧客を回り、今までやったことのない難しい製品であっても、「できる」と言って受注し、懸命に開発しました。そうすると、生産が増え、従業員も増えますので、またその人たちを路頭に迷わせないように、新たな分野の注文が必要となりました。その繰り返しで会社は成長を続け、新市場、新事業を次々と開拓することになり、ついには携帯電話や複写機などの異分野へ多角化を進めていったのです。

今のままでは会社が潰れるかもしれないという危機感と飢餓感をバネに、私は次々と新製品を開発し、多角化を進めていきました。従業員の生活を守るため、次々に急な登り坂を駆け上がる。その連続が、京セラを成長させたのです。

多角化で苦悩したカネボウ

私がこうして多角化を進めていく中で、最も教訓にした会社が、カネボウでした。カネボウは、明治時代に創業された綿紡績の会社です。明治維新以後、日本が近代国家を目指していく中で、綿紡績は日本の主力産業であり、カネボウはそのリーディングカンパニーでした。そのカネボウが、さまざまな分野に進出し、戦前は日本を代表する大企業と言われるまで発展を遂げました。

戦後の高度成長期になると、カネボウはさらに多角化を進めるようになりました。若くして社長に就任された伊藤《いとう》淳二《じゅんじ》さんは、たいへんユニークな経営者であり、ペンタゴン（五角形）経営と称して、繊維だけでなく、化粧品、薬品、食品、住宅・不動産の五つの分野を柱とする多角化経営を標榜されました。まったく異なる種類の事業を同時並行に展開することで、カネボウをさらに大企業へ飛躍させようという、壮大な計画でした。

ところが、いざフタを開けてみると、手を出した薬品や食品などの事業は、ライバルの専業メーカーとの熾烈な競争となり、苦戦を強いられました。これらの新事業がうまくいかないまま、今度は本業の繊維部門が、石油ショックや円高で大きな打撃を受けました。その結果、黒字部門は化粧品事業だけとなり、それ以外の事業の業績は悪化して、借金だけが膨らんでいきました。

本業の繊維だけでも、苦しい経営を強いられているのですから、そこへ新たに四つの事業を立ち上げれば、マーケティングから、技術開発、設備投資、資金繰りに至るまで、会社にたいへんな負担がかかります。経営者は各事業で厳しい決断に迫られますので凄まじいばかりの神経を使わなければいけません。経営者が持てる能力を多くの事業に分散させると、このようなことから業績の悪化を招くことになります。多角化するたびに、会社経営は幾何級数的に難しくなっていくのです。

並の経営者なら「なんとか飯も食えるし、中小企業のままでいい」と思うのが普通でしょう。それでも、将来のために勇気を奮い起こして多角化の道を進もうとするなら、私は自分の得意技の延長線上で多角化を進めるべきだと考えています。

得意技であれば、経営者もその分野に精通しており、技術やノウハウ、流通チャネルなどの経営資源もすでに存在するので、まったくの新分野に進出するよりは、その負担がはるかに軽減され、既存事業とのシナジー効果も期待できるからです。そのため、私は、「多角化の際、決してトビ石を打ってはいけない。相手に切られないように、今生きている石につないで多角化の手を打ちなさい」と教えています。

あなたは、今まさに中小企業から中堅企業への坂道を登ろうとされています。CAD／CAMなどの新技術を導入して、業績もそれなりに伸ばした上で、今後は自分が得意とする自動車業界で、材料置換など自分の持っている技術の延長線上に新事業を展開されようと考えておられます。その方針であれば、非常に手堅いと思いますので、その方向で多角化を進めていかれればよいと思います。

自社の能力は未来進行形で捉える

あなたは、新分野を開拓していくのに、従業員に危機感が足りず、新しい注文を取ってきても、なかなか開発や生産が進まないのが問題である、とおっしゃいました。もちろん、このまま新製品が出てこなければ、注文が減ってしまうので、会社が元気なうちに新製品開発を進めなくてはならないと、従業員に危機感を持ってもらうことは大切なことです。

しかし、新規事業の開発が進まないのは、それだけが理由ではないと思います。もうひとつの理由は、新分野の技術開発は非常に難しいので、営業がせっかくお客さまから、新製品の引き合いをもらっても、技術陣が現在の技術力をもとに判断して、「それは、ウチではできないのではないか」と新製品の開発を逡巡したり、手控えたりするからではないでしょうか。

京セラがまだ零細企業であり、技術力も資金力も乏しい頃、私は新しい注文を取ろうと必死にお客さまを回りました。名もない零細企業だったので、引き合いと言えば、大手の同業他社が断ったような難しい仕事だけでした。その引き合いをできないと断れば、新しい注文はなくなります。それでは将来がないと思いましたから、今の技術ではとてもできそうにない新製品でも、私は「できます」と言って注文を取ってきました。

受注の際、「半年後には試作ができます」と言って注文をもらってくるのですが、実際に製品ができなければお客さまは二度と相手にしてくれません。期限までに自分たちの技術がどこまで進んでいるかは、正確には予測できませんが、それくらいのリスクを覚悟しなければ、技術を伸ばすことはできません。そう思い、あえて注文をもらってきたのです。

帰社すると、早速、私はわずかしかいない技術者たちを集め、「この製品は、お客さまのこういう新商品に使われる製品で、こういう用途に使用される。今までにない新技術が要求されるが、これができれば、当社の技術を飛躍的に向上させる画期的な新製品になるはずだ。こういう方法で実験をして開発を進めれば、うまくいくと思う。今ある設備にこういう工夫をすれば、生産できるはずだ」と詳しく説明しました。みんながやる気を出してくれるように、新製品の技術的意義や求められている性能、それをつくるための道筋などを一生懸命に説明したのです。

それでも、私が「いつまでにやるのだ」と言うと、技術者の中には「ウチにはそんな技術がありませんし、設備もありません」と、不可能な理由を並べ立てる者がいました。たしかに、現在の技術では無理だと思われるような製品を受注したのですから、無理はありませんが、それで諦めてしまえば、会社の発展は望めなくなります。そこで私はこう言いました。

「たしかに、今の技術、能力で考えればできないだろう。でも、人間の能力は、未来に向かってどんどん伸びていくものだ。今考えてできないことでも、半年先にはできるようになっているはずだ。現在の能力で判断していては、革新的な技術開発など永遠にできない。だから、我々の**能力を未来進行形で捉え**、必ずできるはずだと信じて、がんばろうではないか」。

未知の新技術を開発する際、リーダーは、高い目標を掲げ、自分たちの能力を未来進行形で捉えることが必要です。経営トップがやると決めた以上、「半年先には必ずできるはずだから、それに向けて、今から実験にとりかかろう」と、技術者を奮い立たせるべきです。能力を未来進行形で捉えることができる技術者だけが、優れた研究開発を成功させることができるのです。

従業員に危機感がないから開発が進まないのではありません。人間の能力は無限であると信じて、あなたが先頭を走り、みんなを引っ張って行かなくてはならないのです。能力を未来進行形で捉え、なんとしても多角化という夢を実現させようと懸命に努力すれば、道は必ず開けるのです。

第三章

パートナーシップで経営する

◉労使の立場を超えた企業風土をつくる

労使対立構造が招く悪影響

大学卒業後、私が就職した松風工業は、労使対立が激しく、社内の人心は荒廃し、業績も惨憺《さんたん》たるありさまでした。その時の経験から、私は、労使が対立していたのでは、従業員は仕事に幸せや喜びを見いだすことはできない、という思いを持つようになりました。

その後、私は松風工業を去り、一九五九年に京セラを創業しました。当時の日本では労働組合運動が盛んで、労働者は自分たちの権利だけを声高に主張していました。また、経営者も労働者の立場や権利を尊重しようとせず、両者は激しい対立を繰り返していました。創業の翌年に起きた「六十年安保闘争」の影響は、労働運動にも波及し、各地で労働争議が頻発するといった世相でした。

中でも、京セラ創業の地である京都は、革新勢力が強い土地柄でした。京セラに入社してくる従業員たちも、その影響を受けており、「労働者は経営者から搾取されている」という偏見を持った人が少なくありませんでした。創業して間もない会社が労使間で対立していたのでは、とても生き残ることができません。そこで私は、京セラを労使対立のない、会社の発展に向かって全従業員が一致団結する会社にしたいと心から願っていました。

当時のアメリカには、会計士事務所や弁護士事務所を経営する場合、「パートナーシップ」と呼ばれる制度が存在していました。この制度は、共同経営者である「パートナー」が、連帯責任を負ってその組織を経営するというものです。このパートナーシップのように、京セラも、「全従業員が経営者」という集団になれば、全員が力を合わせる最強の集団になれるはずだと思ったのですが、残念ながら、日本にそういう会社形態は存在しませんでした。

大家族主義で経営する

それでも全従業員が会社発展のために協力していくことが理想だと考えた私は、会社をそのように経営できないものだろうかと考え続けました。その時、会社の人間関係のモデルとしようと思ったのが「家族」でした。最近は少し変わっているようですが、日本の伝統的な家族とは、親が子を思い、子が親を思うといったように、お互いを慈しみ、その繁栄のために力を合わせるというものでした。

そこで私は会社でも同じように、経営者と労働者という対立関係ではなく、あたかも親子や兄弟のような関係で、互いに助け合い、励まし合いながら、苦楽を共にしていきたいと考えたのです。家族のような関係であれば、経営者は従業員の立場や権利を尊重し、従業員は経営者と同様に会社のためを考えて行動できるはずです。私はこのような関係を、「**大家族主義**」と称して、会社経営のベースとなる考え方としてきました。

労使の立場を超える経営理念の共有

もちろん、会社で家族のようにお互いを思いやろうと呼びかけても、それだけで従業員の意識が変わるわけではありません。そこで、集団の心をまとめる上で最も重要になるのが、労使の対立を超えて、すべての従業員が共有できる経営の目的、経営理念の存在です。

京セラでは創業後まもなく経営理念を、「**全従業員の物心両面の幸福を追求すると同時に、人類、社会の進歩発展に貢献すること**」と定めました。この経営理念に立脚すれば、会社は経営者のためにあるのではなく、全従業員の物心両面の幸福を追求するために存在することになり、従業員は何の疑いもなく、会社の発展に全力を注ぐことができます。

ここで言う「全従業員」とは、経営者である私を含めた、この会社で働く者全員を指します。創業直後に全従業員が共有できる経営理念を確立していたことは、京セラが労使の立場を超えて一致団結する企業風土をつくる上で、確固たる基盤となったのです。

京セラ流コンパ

さらに私は、従業員との個人的な信頼関係を深め、会社全体の一体感を高めるため、コンパと称する飲み会を開きました。コンパとは、私が従業員との間で率直にコミュニケーションを図る場であり、同時に、私の考えをみんなに理解してもらうための大切な場です。従業員にとっても社長と酒を飲み、直接話をすることは、経営者の人柄に触れ、親しみを増すいい機会になります。

私は会社を創業して以来、機会を見つけてはコンパを開き、リラックスした雰囲気の中、膝をつき合わせて酒を酌み交し、人生について、仕事について語り明かしました。長い時間をかけて、できるだけ多くの従業員と話し合うことで、お互いに信頼できる人間関係を築きあげてきたのです。

こうした心の絆を大切にする経営のあり方は、経営者さえやろうと思えば、どのような会社でもできるはずです。実際、盛和塾の塾生企業の中には、自社の経営理念を確立し、その実現に向かって従業員と一体になって努力している会社が数多くあります。そういった塾生企業は、たとえ厳しい経営環境にあっても、着実に業績を伸ばしているようです。

例会後も車座になって質問は続く。塾生はここから多くを学ぶ

【経営問答九】業績が落ち込んだ場合、給与体系をいかに見直すべきか

◉質問

県下に直営でガソリンスタンドを二十四軒、その他に車検の整備工場、中古車買取り販売店等を含め、合計二十九店舗を経営しています。

私が入社した当時の石油販売業界は規制に守られ、収益の出やすい環境にあり、当社は売上も利益も順調に推移していました。ところが、石油業界の規制が緩和され、いよいよ完全に撤廃されることになりました。ちょうどその頃に、私は後を継いで社長に就任しましたが、その後の三年間で、石油製品の粗利単価が約半分に激減しまし

た。つまり、石油販売による粗利は半分になってしまったのです。

その中で私は、業界特有のぬるま湯に漬かっていた会社の意識改革と利益の捻出に没頭してきました。その結果、営業費は横ばいのままで、売上を伸ばすことができました。

しかし、石油製品の粗利単価は未だに下がり続けています。車検工場や中古車の販売など、新規事業をどんどん強化し、石油製品の利益に頼らない収益構造づくりを進めていますが、投資に見合った利益が出ない状態です。そのため、今後店舗をスクラップ・アンド・ビルドしたり、新店舗を展開したりするのに必要な資金が足りなくなってきています。

そこで、人件費の削減に取り組まざるを得ないと判断し、早期退職制度も検討してみました。しかし、私が社長になってから、やる気のない社員や自分の能力に限界を感じている社員にはすでに退職してもらっているため、これ以上、早期退職を見込める状況にはありません。そこで人員削減はせずに、現在の年功給主体の給与体系を来年から職務給と業績給からなる給与体系に改めようと考えています。

これまでの給与体系は、年功給部分が六割、業績給部分が四割となっており、その年の総粗利額がどう変化しようとも、賞与の支給額が若干変わる程度で、社員の収入に大差はありませんでした。しかし、新たに導入する給与体系では、業績に連動する業績給部分が六割、職務給部分が四割と改めていこうと考えています。つまり、給与の六割の部分が業績に応じて増減する業績給に変えるつもりです。

まず、会社の総粗利額に応じて、その年度の人件費の総額を決め、それを業績と職務に応じて配分していく仕組みを取り入れます。これによって総人件費は、約三%ダウンすると予測しており、これにより会社が継続的に発展するために必要な投資の原資は確保されます。

その点については社員に一応の理解は得ていますが、いざ実際に導入するとなれば、業績給部分の査定方法といった人事評価に関する問題や業績に応じて年収が大きく変動するという問題など、さまざまな軋轢《あつれき》が生じてくると思います。

そこで、このような給与体系を取り入れる際に留意すべき点について、アドバイスをいただきたいと思います。

◉回答 業績スライド給は逆効果、一律賃下げを理解してもらうほうがよい

上がるも矛盾、下がるも矛盾の業績スライド型給与

これは従業員の処遇を考える上で重大な問題です。たしかに社長であるあなたが、「業績に連動した給与にしましょう。業績がよくなったら給与は上がります。しかし、業績が悪い時には下がりますので、辛抱して下さい」と、従業員に説明すれば、一応の理解は得られると思います。

ところが、理屈では分かっていても、実際に業績が落ち込み、給与が大きく下がる場合はどうなるか。たとえば、給与が四割減ったとなれば、「業績スライド型給与でも結構です」と言っていた従業員たちでも、たちまち不満を感じるはずです。

そうなれば、社長のあなたは従業員のことを思っていらっしゃるので、実際に計算すれば四割減になるところを、それではあまりにも生活が苦しくなるだろうからと、二割減ぐらいで止めておかれるでしょう。また、そのくらいの温情をかけなければ従

業員はついてきません。ただし、そうなると業績スライド型給与体系が、有名無実のものとなってしまいます。

業績が非常によくなった場合でも同じです。業績が悪い時には給与が下がり、辛い思いもしたけれど、業績が回復すれば、給与が上がると従業員は喜びます。ところが、給与を四割も上げるとなれば、今度はあなたが、「そんなに急に給与を上げて、会社は大丈夫だろうか」と心配するはずです。たしかに計算式をつくって、こういう給与体系にするとは言ったものの、本当にそれでいいのだろうかと不安になり、計算上では四割上がるところを、二割ぐらいで止めておこうとするでしょう。結局、給与が上がる時も、下がる時も矛盾が起きるのです。

人間には、理屈で分かっていても、感情の面で割り切れないことが実に多いのです。

ドライなはずのアメリカでも、感情が優先

それでは、合理主義の国アメリカの会社ではどうしているのでしょうか。京セラはアメリカにグループ会社をいくつも持っており、一万人ほどの従業員を雇用していま す。アメリカのことだから給与面もドライに割り切って、業績スライド型給与体系を

とっているとお考えかもしれませんが、実はそうではないのです。

一般の作業者は、一時間何ドルという時間給で、幹部社員は月給制です。昇給は企業の業績にもよりますが、同じような業種の相場と自社の業績とを見比べて、「前期は従業員がよくがんばってくれたから、業界平均よりは少しよい昇給率にしよう」というように、自社の平均昇給率を決めます。

もちろん、社内においては、非常に優秀でよくやってくれている人は平均よりも若干比率をよくし、働きの悪い人は減らすという調整をしています。たとえば、平均昇給率が四％の場合、優秀な人は六％の昇給、働きの悪い人は二％の昇給といった具合に給与が上がっていきます。つまり、日本のように年功給でないと言いながら、アメリカでも毎年給与が上がっていくわけです。

ただし、アメリカでは同じ仕事で採用されたのであれば、二十歳であろうと、四十歳であろうと賃金差はありません。同じ仕事をする場合、日本のように年齢による給与差はありませんが、いったん会社に入ってしまえば日本と同様に、給与は年々上がっていくのです。

一方、経営者層であるマネジメントクラスの報酬は業績スライド型で、「年俸＋インセンティブ」という形をとっています。年俸は保証されていますが、ボーナスは業績により大きく左右されます。「あなたには二十万ドルの年俸を払いましょう。ただし、昨年の業績より今年の業績が伸びれば、その分、年俸の何割かをボーナスとして追加支給します」といった具合です。たとえば、今年はたいへん業績がよくて、昨年の倍の利益が出たとします。その場合には、年俸二十万ドルと同額のボーナスを払うといった、高額のボーナスが与えられます。

さらに上場企業であれば、マネジメントクラスにストックオプション制度が設けられています。たとえば、年初に株価が二十ドルだったとすれば、一万株を一株二十ドルで買う権利をストックオプションとして付与されます。業績が上がり、株価がたちまち二十ドルから五十ドルに上がり、そこでストックオプションの権利を行使して一株二十ドルで一万株を買うとします。その株を市場で売れば、一株当たり三十ドル、合計で三十万ドル儲かるわけです。もともとは年俸の二十万ドルだった報酬が、ストックオプションにより三十万ドル追加されるのです。

たとえ業績が下がり、株価も一株二十ドル以下になったとしても、ストックオプションの権利を行使しなければ、損をすることはありません。アメリカのマネジメントクラスには、このような大きなインセンティブが与えられています。

ですから業績が上がった場合は、ボーナスが増え、ストックオプションでも儲かり、たいへん喜んでくれます。しかし、業績が落ちた場合、現地のトップは、「私は一生懸命がんばったが、エレクトロニクス業界の景気が悪くて、業績が落ち込んだ。本来ならばボーナスをもらえるところなのに、それがゼロ。ストックオプションもゼロ。これではやる気がなくなるのでなんとかして欲しい」と言い出すのです。

あれだけドライで理屈っぽいアメリカ人経営者でも、自分の懐が痛むとなれば、理屈通りにいかないのです。業績スライド型給与と言いつつ、下がる時は「NO」で、上がる時だけ「YES」なのです。業績がいい時も悪い時も、払う側ばかりが取られるというのが現実の姿です。

アメリカでも、日本でも、制度を決める時には、「業績が下がれば給与が下がるのは当たり前です」と理解を示してくれます。ところが、実際に下がるとなれば、感情的にどうしても納得できない。それが人間というものだ、ということを肝に銘じなければなりません。

人心を乱す業績スライド給よりも、給与の一律カットを

あなたは、従来の事業で利益があまり出なくなってきたから、新規事業に投資したいと思っておられます。そこで、投資する資金を確保するために、業績スライド型給与体系に変えたいと言われました。つまり、あなたは人件費を削減して、それによって利益を出そうとしているわけですから、業績が上がればそれに連動して賃金も上げようとは、もともと考えていないのだと思います。

たしかに今、あなたの会社にとっては収益性の低さが大問題です。しかし、収益が上がらなくなった原因は、石油製品の粗利単価が下がったことにあるのです。そういう場合、経営者が本来しなければならないことは、生産性を向上させることです。今まで二人でやっていた仕事を一人でやる、一人でやっていた仕事なら半分の時間でやるしかないのです。

しかし、あなたはすでに早期退職や意識改革を行ってきたので、これ以上、生産性は簡単に上がらないと感じておられるようです。そのため、業績スライド型給与体系の導入を考えられたようですが、私ならそうしません。

その理由は、業績スライド型給与にすれば、従業員の心が荒れることになるからで

す。業績のいい部門に配属された人は喜びますが、業績の悪い部門に行った人は、いくら苦労しても給与は下がる一方です。現在、全従業員が社長を中心にがんばっているのに、業績スライド型給与を導入したがために、人心がささくれ立ってしまうことを私はいちばん恐れます。そうするくらいなら、会社の実情をみんなによく説明して、公平に辛抱してもらう方法を選びます。

「粗利単価の低下が続き、このままでは、会社に利益が残らない。ガソリンスタンドには、どうしても一～二名は必要なので、これ以上、生産性を上げることも難しい。この状況を脱するには、新規事業を立ち上げるしかないが、そのための原資が不足している。まことに申し訳ないが、当分の間、社長の私はもちろん、みなさんの給与を一部カットさせてもらえないだろうか。その間に全社一丸となって新規事業を軌道に乗せ、なんとしても業績を改善させていこう。おそらくここ数年で、ガソリンスタンドも淘汰され、正常な競争に戻り、適正な粗利を得られる時代がくるはずだ。それまでの間、我々はこの厳しい状況を、賃金を下げてでも耐え忍んでいこうではないか」。

このように話せば、わかってもらえるはずです。

危機感を持ち、賃上げ凍結を決めた京セラ

日本経済が高度成長していた頃、インフレにより賃金が毎年二割以上も上がるという状況が、何年も続いたことがありました。その状況に追い討ちをかけるように、第一次オイルショックが起こり、世界中に不況の波が押し寄せ、日本も激しいインフレに見舞われました。日本は加工貿易で成り立っている国ですから、そのような中で賃金を上げ続けていれば、輸出競争力を失い、日本経済は衰退に向かうことになります。

オイルショックの影響は京セラも直撃しました。当時、京セラも毎年二割ほど賃金を上げていましたが、受注が激減し、このまま賃上げを続けていくと、経営が行き詰まる恐れがありました。そのことを心配した私は、京セラの労働組合に、「このままで行くと会社が危機的状況に陥る。一年間賃上げを凍結して欲しい」と訴えました。組合も、「それなら一年間、賃上げ凍結することに同意します」と答えてくれたので、他社が二〇%近い賃上げをする中、京セラは一年間賃上げを凍結しました。

そうなると、京セラの競争力は当然上がります。この労使一体となった取り組みの結果、京セラは一年後、業績を急速に回復して、すばらしい実績をあげることができました。そこで、賃金凍結の翌年に、凍結した分を上乗せした昇給やボーナスを支給

し、前年の借りを社員に返しました。

このように会社の置かれた苦境をきちんと説明すれば、従業員も分かってくれるはずです。私は従業員が二千名を超える規模の時にそうしたわけですから、今のあなたにもやれるはずだと思います。こういう方法のほうが、長い目で見れば、従業員の会社に対する信頼感を高めるのではないでしょうか。

【経営問答十】生産性を上げようと残業をさせていないが、それでよいか

◉質問

私は勤務していた監査法人より独立し、公認会計士事務所を開設しました。仕事としては会計処理と税務申告が中心で、その他に相続税申告、監査、コンサルティングなどの業務を行っています。現在、資本金は一千万円、従業員は十数名です。

今日は仕事の生産性と残業について質問させていただきます。当事務所では創業以来、先輩からのアドバイスもあり、確定申告の忙しい時期を除き、定時の五時きっかりに仕事を終え、残業は一切しない方針でやってきました。朝九時から夕方五時まで

の就業時間中は、密度の濃い仕事をするように指導し、生産性を高める筋肉質経営を目指してきました。

生産性の尺度としては、個人別に担当顧客別の売上高を把握し、そこから人件費等を差し引いた貢献利益を計算して、部門別の損益計算書を作成しています。わずかな額ですが成果配分もしており、経営目標と成果配分の関係を明確にするため、月次決算および個人ごとの売上高を公開しています。

私の理想、考え方を理解してもらえるように、月二回、コンパを開き、従業員とのコミュニケーションを図っています。その結果、従業員も私の考え方を少しずつ理解するようになり、親しみを持って接することができるようになりました。何人かは私に対して協力的であり、前向きな姿勢を見せてくれています。

現在、私一人が夜遅くまで仕事をしていますが、京セラでは経営トップだけでなく、全従業員が誰にも負けない努力をした結果、驚異的な成長を成し遂げられたことを知りました。また塾長より、トップだけでなく幹部も巻き込むような経営を心がけるべきだとのお話もあり、今のように、私以外の従業員が定時で帰るというやり方でいいのだろうかと疑問を持つようになりました。

売上高は毎年一〇%から一五%ずつ伸びていますが、簡易な業務はパートで対応するなどして、従業員の残業はできるだけ抑えるようにしています。しかし、定時で帰っているといっても、余裕のある状態ではないので、積極的に営業活動を続けながら現状の人員でいこうとすれば、今年度中には従業員の残業が必要になると思います。

従業員の中には、以前から「残業をしたい」と申し出る者もいましたが、「定時で終えるような段取りをして、仕事の生産性を上げれば定時で終われるはずだ」として、私は創業以来の方針を変えませんでした。

私は残業を認めることによって、以前から高めてきた生産性がダウンするのではないか、また残業代稼ぎをする人間が出るのではないかといった不安を抱えています。その反面、このような思いを持つことは、従業員と家族のような人間関係をつくろうとしていることに矛盾するのではないかとも感じています。

まず従業員を信じなければ、経営者も信じてもらえないはずです。今のままではうわべだけの関係になっているのではないかという反省もあり、残業を認めるべきかどうか迷っています。この問題について、アドバイスをお願いします。

◉回答　全員参加経営とともにプロの給与体系を導入せよ

対立の構図をつくってはならない

あなたの質問は、根本的な問題を含んでいると思います。

従業員にダラダラと残業されて、残業代を稼がれたのでは経営が成り立っていかないので、「従業員に定時間内で仕事を終えさせ、残業はさせないほうがよい」とアドバイスされた。だから、定時まで非常に密度の濃い仕事をして成果を上げれば、それでよいとされているわけです。そのやり方では、自分だけが経営者で、あとは全員使用人であるという構図になります。この構図の下では、あなたが夜遅くまで一人で仕事をする以外に方法はありません。あとの従業員は経営には関係のないただの使用人であり、言われた通りにすればいいだけです。

しかし、それでは当然、労使間に溝ができてしまいますから、共に経営するパートナーになれるはずがありません。なぜなら、いっしょに仕事している人たちを経営する側には入れず、あくまでも、「おまえたちは使用人だ。なるべく安い給与で成果をあげてもらう」という突き放した態度になっているからです。

もちろん、あなたが強欲だから、そういうやり方にされたのではないと思います。その証拠に、朝九時から夕方五時まで精一杯がんばって成果をあげれば、生み出された利益は業績に応じて成果配分をしようとされています。

もともと資本主義はヨーロッパで始まったものですが、経営者一族だけがオーナーで、あとはみんな使用人という対立構造が生まれました。やがて株式会社という会社形態が生まれましたが、経営者と労働者の間で利害対立は続きました。そこで、株式会社では役員制度が考え出されたのです。

役員制度において、経営者は新任の役員に対して、「あなたは今日から経営する側です。社長と同じ立場で会社を守って下さい」と言って、共同経営者を増やしていきます。そうすれば、役員になった人たちが経営者と同じ気持ちになって、夜遅くまでがんばってくれると考えているからです。ところが、実際は役員にしたものの雇われ根性が抜けず、働かされているという意識の役員がいるため、株式会社でもうまくいかないことが多いのです。

全員参加で神輿《みこし》を担ぐ

私が二十七歳で京セラを設立していただいた時、私は取締役技術部長となり、社長は支援していただいた宮木電機の宮木男也《みやぎおとや》社長が兼務されていました。専務は前の会社をいっしょに辞めた、年上の青山政次《あおやままさじ》さんが就任しました。そういう体制で仕事が始まったのですが、宮木社長は相談に乗ってはくれますが、毎日会社に来るわけではありません。専務の青山さんはおられたものの、実際は技術部長の私が、製造も、営業も、開発も一人で見なければならないという状態でした。

会社を守っていく者は、私を含めて三人しかおらず、あとはすべて従業員でした。それでは私自身が経営者として孤独に耐えきれないし、経営もうまくいくはずがありません。そこで私が考えたのは、経営者と従業員、資本家と労働者という対立構造ではなく、全員が仲間として会社を経営する「**全員参加経営**」です。

会社を神輿にたとえるなら、普通の会社では社長だけが神輿の上に乗り、神輿は従業員に担がせます。上に載っている社長が、ムチをふるって、「決められた時間だけ走れ」とハッパをかけます。しかし、それではお互いに信頼関係が築けないので、神輿の上に乗っている人は、いつ振り落とされるかと気が気でありません。

私は経営者としてそんな思いをするぐらいなら、神輿の上には乗らないで、みんなといっしょに神輿を担ごうと考えました。つまり、会社という神輿を全員が参加して担いでいく、全員参加経営を実現しようとしたのです。

もし、企業の経営形態の中に全従業員が経営者というものがあれば、最強の事業体ができるはずですが、日本にはそういう経営形態が存在しません。そこで京セラでは全従業員が互いを思いやり、苦楽を共にする家族のような関係をベースとする「大家族主義」で経営していくことにしました。

お互いに心と心が通じ合う、家族のような信頼関係を築くために、私は会社でコンパを盛んに催しました。コンパの席では、酒を酌み交わしながら、お互いのことを語り合うようにしました。そういう仲間同士のふれあいを通じて絆を深め、経営者と従業員といった立場を超えた人間関係を築いていったのです。

パートナーだからこそ、全従業員に株式を

まだ京セラが株式を上場していない頃、みんなが共同経営者だという経営スタイルを実現しようと、私は全従業員に株を持ってもらうことを思い立ちました。

そのことを他の役員に相談したところ、「とんでもない。未上場の会社の株式を、全従業員に渡すなんて危険なことです。株というものはたいへんな力を持っているのです。最初のうちは善意の従業員が持っていても、いつ人手に渡り、たいへんなことになるか分からないものです。そんなことはお止めなさい」と反対されました。

それでも、私は「そうなってもかまいません」と言い切って、みんなに株を持ってもらいました。そのことにみんなは感激して、より一層、会社のためにがんばってくれるようになりました。

私の場合、自分ひとりで会社を経営するのではなく、従業員にパートナーとなってもらい、みんなで智恵を出し合って、協力して会社を発展させてきました。あなたも全員参加の経営の大切さに目覚めて、経営方針を見直すべき時期に来ているのだと思います。

プロとしての給与体系を考える

もうひとつ、申し上げたいことがあります。

京セラにはアメリカに子会社があり、現地の会計士事務所を盛んに使っています。

そこでは、会計士はプロとして、顧客の要求さえあれば、深夜何時であろうとすぐに対応してくれます。自分の仕事に対してそれだけのプロ意識と責任感を持って働いており、報酬もそれなりのものを要求してきます。

それに比べて、あなたの会計事務所では、同じ職業でありながら、朝九時から夕方五時まで働けばそれでよいというのでは、プロ意識に欠けているとしか思えません。

ですから、あなたも従業員に対する考え方を改め、プロである従業員には、プロらしい仕事をしてもらうべきです。その上で、「あなたはプロですから、今後はプロにふさわしい給与体系にします。徹夜をしようと定時で帰ろうと、給与は一律これだけです」と決めるのです。万が一、ダラダラと仕事をしているようであれば、「プロとして今のような仕事をされては困ります」と、ピシッと言えばいいのです。

密度の濃い仕事をしてもらうと同時に、必要な時にはたとえ深夜でも仕事をしてもらう。プロフェッショナルとしての給与体系に変えれば、本人の自覚も生まれてくるはずです。

【経営問答十二】目標管理による年俸制の問題にどう対処すべきか

◉質問

　私は創業型の経営者で、三十一歳の時にスピンアウトして、光センサーをつくる会社を四名で創業し、十二年目には店頭公開も果たしました。

　自分自身がスピンアウトして会社を起こした経緯もあり、会社は人生における回り舞台だと考えています。つまり、会社という舞台で従業員のみなさんが活躍し、自信をつけた後では、スピンアウトしてもらっても結構だと思っています。従業員のみなさんが自信をつける過程で会社に成果を残してくれるので、そういう舞台として会社を伸ばしていきたいと考えています。

当社の給与制度はロジカルであり、最近、目標管理制度を導入して賃金を年俸制にしました。また、給与の決定方法は、売上高から変動費を引いた限界利益の何%を給与の原資としており、社長の給与もそのうちの何%だと明確にしています。

しかし、この方法では、円高などの外部環境の急激な変化によって売上全体が大きく目標からズレた場合、給与も大きく変動するという問題があります。これをどう解決すればいいのかというのが、一点目の質問です。

二点目は、数値目標が立てにくい間接部門の目標設定のあり方をお教え願いたいと思います。

社内でも話し合う機会を設けていますが、今、話したようなロジカルなやり方で本当にいいのかどうか、ご指導いただきたいと思います。

◉回答　すばらしい業績には栄誉と賞賛を与え、報酬で大差はつけない

いずれ行き詰まる合理的な給与制度

インテリが陥りがちなトラップ（罠）にはまっておられると思います。私も会社を始めた時、自分自身が技術者出身で合理的な考え方を持っているので、給与についても合理的でなければならないと思いました。しかし、その考え方はやがて改めざるを得ませんでした。

本来、年功序列的な賃金制度とは、年齢が高ければ、能力にほとんど関係なく高い給与がもらえ、大学を出てまだ少ししか経っていなければ、どんなに才能があったとしても、たいした給与はもらえないという制度です。若くて、才能や才覚にあふれる人ほど、そんな理不尽な賃金制度がまかり通っていいものかと思うはずです。

特にハイテク関連の仕事をしようと思えば、若い優秀な技術者を集めなければなりません。そこであなたは、合理的で魅力ある賃金制度を打ち出さなければ、優秀な人

材を集められないと考え、目標管理による年俸制を導入されたのだと思います。

たしかにあなたの会社の給与制度は、非常に合理的だと思いますが、本来、給与体系というものはそんなに合理的につくれるものではありません。それを合理主義で割り切ろうとするから、今質問されたような問題が出てくるのです。


技術、心、人の和。すべてが融合して強い企業は生まれる

あなたのお話を聞いて面白いと思ったのは、「会社は人生における回り舞台のようなものだ。ある時、ある舞台で、ある劇を演ずればいいのであって、いつまでもうちの会社にいなくてもいい」と言われたことです。

しかし、私には、あなたご自身がスピンアウトしたことを、格好よく見せるためにそう言われているような気がします。なぜなら、あなたの会社の技術者が、どんどんスピンアウトしていくようなことがあれば、あなたの会社はたちまち潰れてしまうからです。

あなたの会社は今、技術が優れているからうまくいっているだけです。社内に人間的なつながりがないなら、ひとたび技術が遅れをとれば、会社は競争力を失い、瓦解していきます。経営者の中には、「私どもの技術は、他社よりも常に一歩も二歩もリードしていきます」と自信ありげに言う人がいます。たしかにそれは理想かもしれませんが、これだけ技術進歩が激しい世の中で、そう簡単にできるとは思えません。技術だけが強い会社というのは意外と脆いもので、それに勝る新技術が出てきた時、その優位性はたちまち消滅してしまうものです。

強い会社というのは、技術だけでなく、総合力で優れているものです。技術力も優れ、販売力も優れ、従業員の心も優れ、人間関係も優れ、あらゆるものが優れていて初めて強い会社になるのです。一つの技術で伸びる会社は、いずれその技術とともに消えていきますから、技術だけに偏重した考え方ではダメなのです。

ロジカルであるはずの給与体系から噴き出る矛盾とその結末

給与にしてもそうです。給与の原資を決める算式をつくり、さらにその式で社長の給与まで計算する方法を決められました。給与の原資は限界利益に連動するので、「がんばって利益を増やせば、みなさんにたくさん給与を払います」と言って、みんなのやる気を引き出そうとされています。

ところが、ここへきて円高という外部環境の変化で業績が低迷してきた。すると、そういう給与に釣られてきた人たちは、「社長、業績の低迷は私たちのせいではありません。円高で利益が目減りしたのは、私の努力とは無関係です。ですから、給与の算式にその影響を含めるのは酷でしょう。そんなもので給与を減らされたのではたまりません」と言うでしょう。あなたの会社は右肩上がりで成長してきたので、今までそういう局面に遭遇しなかったはずです。しかし、こうした矛盾が出てくるので、私は給与を決定するために、業績配分に基づく算式をつくりませんでした。

京セラには実績のよい事業部や部門がたくさんありますが、そのことにより給与やボーナスが直接左右されるようにはしていません。業績が一時的によいからといって、ある部門の給与を急に上げたりすれば、他の部門の人たちに嫉妬心が生まれます。給与を上げることで張り切ってくれる人より、それによって不平を言う人が多かったのでは、割に合いません。

また、業績が下がったからといって給与を下げたのでは、その部門の人たちをますます落胆させてしまいますから、実際に給与を大きく下げることは困難です。給与を下げることができないとすれば、人件費は一方的に膨らんでいくことになります。

昔、京都に私と同時期に会社を始められた社長がおられました。一流大学を出た技術者出身の聡明な社長でしたが、その方の会社では社長も含めて給与は全部、自己申告と話し合いによって決め、「自己申告制の給与」というのでたいへん話題になりました。

私はその社長と親しかったので、「自己申告の給与制度など、理想論でうまくいくわけがありません。人間というのは欲望のかたまりです。そんな利己心のある人たちが話し合ってもうまく決められるものではありません」と忠告しました。ところが、論理的な思考をする社長でしたから、ルールを曲げずに運営しておられた結果、その給与制度はうまくいかず、社長の座を追放されてしまいました。

私も技術者出身なので、本来なら給与を決めるルールをもっと合理的で説得力のあるものにしたかったのですが、そういう矛盾が出てくることは予見できましたので、あえて年功序列的な要素を残す賃金制度にしたのです。

利益ではなく「時間当り」を経営指標として提示する

また、人間は欲望のかたまりなので、給与制度の問題に限らず、各部門の利益がオープンになっただけで、社内の人間関係は悪くなってしまうことがあります。

それぞれの部門の利益をオープンにすると、「私の職場では今月一億円の利益をあげたが、あなたのところは百万円の利益しかあげていないではないか」と、利益が多い職場が威張るようになります。さらに、「これだけ儲かったのだから、ボーナスに差があってもいいじゃないか」と言い出す人まで現れるのです。

同じ会社の中でそこまで言えば、あまりに人間関係が殺伐としてきます。京セラでは小集団の部門別独立採算制のアメーバ経営を行っていますが、この制度の下では利益を前面に出すのではなく、労働時間一時間当たりどれだけの付加価値を生み出したかを表す「時間当り」を採算の指標として使っています。

この指標の計算方法は、まず売上から労務費を除くすべての経費を差し引き、付加価値である「差引売上」を計算し、その差引売上を総労働時間で割って「時間当り」とします。つまり、現場の各部門の採算状況を「利益」というドライな表現ではなく、時間当り付加価値というマイルドな指標を使って表現しているのです。

目標達成者には報酬ではなく栄誉と賞賛を

私は金銭だけではは人間をモチベートできないと思っていましたので、一生懸命に働いて高い時間当りを出し、会社に貢献してくれた人たちに対して、みんなで栄誉を与えるということをしてきました。「あの部門の人たちは高い時間当りを達成して、わが社の採算向上に大きく貢献してくれた。おかげで、我々は昇給やボーナスをたくさんもらえる。あの人たちの功績をみんなで称えましょう」と言ってきました。

間接部門についても同様です。間接部門というのは、直接部門をサポートしてくれる部門です。総務、経理、資材などの間接部門の人たちが一生懸命にがんばってくれるから、現場も高い時間当りが達成できるわけです。ですから、直接部門は奉仕してくれる間接部門の人たちに感謝と尊敬の念を持ち、その仕事を評価すべきです。時間当りのような採算指標はないけれど、間接部門の人たちも公平に処遇するようにしてきました。

このように、私は各部門の業績を直接反映させる形で、ボーナスや処遇に差をつけませんでした。そうして、会社の業績が大きく伸びた時には、みんなの努力に対して、公平に報いるように全従業員に臨時ボーナスを出しました。

会社は回り舞台ではなく、参加者すべてを幸せにする舞台

あなたの会社は優秀な技術力を誇り、収益性も高く、すばらしい発展をしてこられました。しかし、会社経営はあなたが言うような合理性のみで経営できるものではありませんし、ましてや人生の回り舞台ではありません。

仕事ができる人には相応の給与を払いますが、イヤなら辞めてもらってもいいというドライなやり方では、会社は長続きしません。あなたの会社は、報酬だけで人を動かそうとするのではなく、栄誉と賞賛を与えることで従業員をモチベートする方法を取り入れるべきです。

そうして、あなたがつくった会社を個人のための回り舞台にするのではなく、全従業員が心をひとつにして、みんなの幸せを追求する舞台にすべきだと思います。

【経営問答十二】会社を守るためにやむを得ず人員削減をするべきか

◉**質問**

人員削減について質問します。現在、私の会社は測量、調査、土木設計、補償コンサルティング、登記等の仕事をしております。営業所は六カ所あります。

今まで順調だった公共事業が減少し始め、売上がピーク時より三割以上も落ち込み、厳しい経営状況にあります。私としても公共事業が減少することは予測していたのですが、あまりに急激な落ち込みに対処しきれず、経営者としての甘さがあったと感じています。

現在、新規顧客の開拓により売上を増やすとともに経費の削減を実施していますが、売上は思うように伸びません。また、サービス業の特徴で、売上の四〇〜五〇%を人件費が占めているため、経費削減となると、どうしても人件費カットを考えざるを得ません。私自身たいへん残念に思っているのですが、昨年、無資格の技術者六名を解雇しました。さらに今年は賃金カットもしました。私が二五%、役員一〇%、管理職七%、社員については五%から一%です。

解雇や賃金カットについては、一部に反対があったものの、役員会や管理職会議で議論を重ね、了解を得たと思い実施しました。ところが、社歴の長い部長が、「景気のよい時に人を増やして、悪くなったら減らすのなら、誰でもできる」と、私を批判していることを間接的に聞き、たいへん動揺しました。この発言は、私の経営者としての資質を問われたものと思っています。私自身が創業時の苦しさを忘れて努力を怠り、私利私欲で経営してきたのではないかと反省しています。

今後の対策としては、まず売上の落ち込みを最小限に抑えたいと思っています。公共投資の激減は必至ですから、営業社員だけでなく、自ら先頭に立って、全員で営業活動をしなければならないと考えています。また、不採算営業所の撤退、間接部門の縮小、すべての勘定科目についてコストの削減を徹底していこうと考えています。

しかし、それでもコスト削減が十分でなければ、残念ながら人員削減を考えざるを得ない状況です。来期以降の業績予想から見積もっても、現在四十三名いる技術者を十名ほど減らさなければならないと考えています。

従業員との信頼関係を考えると、今までのように自分の考えを強引に通して、人員削減することに躊躇《ちゅうちょ》を覚えます。この場合、会社を守るために人員削減をすることは、経営者として真の勇気を持って決断したことになるのかどうか、ぜひアドバイスをお願いします。

◉回答　大善は非情に似たり。窮状を説き、信頼回復に努めよ

日頃の教育がものを言う

目に見えて受注がドラスティックに減少していく。経費をいくら削ってもよくならず、会社が生き残るために仕方なく解雇をしてこられた。本来なら経営者は部下から

尊敬されていなければならないのに、部下の信頼すら失っている自分を見せつけられ、人員削減を躊躇している。今のあなたの立場に追い込まれると、当然、そういう気持ちになるだろうと思います。

社長が権力によりみんなを強引に引っ張っていくことはできますが、それは本当の経営ではありません。あなた自身は部下から尊敬され、信頼され、納得してもらう経営を目指しておられるので、自分の資質を問われるような部下の発言を聞いて大いに反省されています。あなたが経営者として良心的であればあるほど、当然のことだと思います。

あなたの場合は、今まで国の公共投資の増加とともに、順風満帆で事業を拡大することができた。利益も出ており、従業員数も少ないので、人をまとめていく苦労をさほどしてこなかったのではないかと思います。

これが製造業であれば、管理職の人から現場で働く人までいろんな人がいます。そういう人たちをまとめていくために、社長が信頼と尊敬を得ようと思えば、必死になって自分も努力し、「わが社はこういう目的で経営します。社会に対してこういう使命があります。その使命を果たすため、我々はこういう生き方をするのです」ということを、従業員に語りかけていかなければなりません。

かねてからそういう話をし、従業員の信頼と尊敬を受けていれば、たとえあなたが辞めてもらう人を呼んで、会社がこういう事情なので、辞めてもらわなければならないと話しても、他の従業員は、「社長が今までいっしょにやってきた部下のクビを切るのは本当に辛いことだろう。忍び難きを忍んで辞めてもらっているのだ」と思うはずです。ところが、「あれで社長が務まるのか」と言う者が現れるようであれば、あなたの日頃の行動や教育が社長としてなっていなかったことになります。

しかし、経費を一生懸命に削減したが、それでも人件費に手をつけざるを得なくなってしまったのなら、これは仕方ありません。人員削減は私利私欲のためにするものではありません。何も手を打たず、全従業員が路頭に迷うことが善なのか、十人に辞めてもらって、残る三十数名の従業員を守っていくのが善なのか、という厳しい選択から出てきたものです。

仏教には、「**大善は非情に似たり**」という言葉があります。大きな善を為そうと思えば、普通の人から見れば、「非情な人」と映ることがあるという意味です。今あなたがやろうとされていることは、まさにその大善に当たると思います。

それでも十名の人員削減をすれば、あなたに対する非難はますます大きくなるでしょう。ですから、従業員を集めて、会社の窮状を精魂込めて話すべきだと思います。「会社は今、こういう状況に追い込まれています。ですから、経費をこういうふうに削減するので協力して下さい。それでも経費が減らなかった場合には、赤字に転落します。その時は会社を潰さないため、十名を救命ボートで降ろさざるを得ません。なんと非情なことと思われるかもしれませんが、自分たちだけが残っていい目をしようというつもりは、毛頭ありません。会社と残りの仲間を救うため、どうぞ許して下さい」と、納得してもらえるまで話し込むのです。

私の父は、戦前、印刷屋をやっていましたが、空襲ですべてを失い、戦後は焼け野原に、掘っ立て小屋を建てて生活をするという、どん底の生活を経験しました。貧乏でモノを買うお金がなく、妹は私が大学に行ったため、高校を途中で辞めることになりました。そうやって兄弟で助け合って生きてきましたが、誰ひとりグレたり、ひねくれたりする者はいませんでした。

普通、貧乏でモノも十分買えないような家の子供はグレると思われがちですが、貧しい家庭の子供ほど意外にグレないものです。貧しい家庭では親が子供に、「ウチは貧乏なので、おまえを大学に行かせたくても、学費がない」と事情を話し、子供もそのことをよく理解しています。そうして、苦労しながら育ったほうが、何不自由なく育つより、はるかにしっかりした大人に成長するものです。

同じように、あなたは従業員に、今の会社の苦境をもっと話さなければなりません。その上で、会社を存続させるためにどうしても必要であれば、たとえ「人でなし」と言われようとも、勇気を奮い起こして人員削減を行うべきです。

社長の行いが、崩れた信頼と尊敬を再構築していく鍵

いちばん大事なことは、従業員が社長を信頼し、尊敬してくれているかということです。この信頼と尊敬がなければ、社長はただ権力でもって、従業員を押さえつけているだけの存在になります。

会社をまとめていくのに、私は、「従業員とお酒を酌み交わしなさい」と言いますが、酒を飲みながら腹を割って話し合うのです。もし困っている従業員がいたら、「あれだけ忙しい社長が、私のことにそこまで親身になってくれるのか」と思うぐらい、とことん相談に乗ってあげることです。その思いやりが、相手に信頼と尊敬を抱

かせるもとになるのです。

ですから、人員を削減したあとは、ささやかでけっこうですから、必ずコンパを開いてください。お酒を飲みながら、「私は断腸の思いで人員削減をしました。しかし、決してこのままにはいたしません。辞めていった人を再雇用できるよう、会社を復活してみせます」と決意を述べ、信頼を回復するよう必死で努力することが必要です。

非常に苦しい立場でしょうが、従業員のため、ぜひ耐え忍んで下さい。

第四章

自ら燃える集団をつくる

◉経営者意識を持った人材を育てる

片腕となる人材が欲しい

中小企業では、経営者が自ら会社全体を取り仕切っていることが多いと思いますが、会社が大きくなってくると、すべての部門を経営者一人で指揮することは難しくなってきます。その時、経営者は自分と同じように経営責任を負って片腕となってくれる幹部がどうしても必要となります。

京セラがまだ創業間もない頃、私は技術開発、営業、製造などを見ており、一人で何役もこなしていました。そのうえ、時間を見つけては現場に足を運び、従業員を激励し、各部門を直々に指導するなど、多忙を極めていました。従業員が百名を超える頃から、会社の将来のためのさまざまな手を打たねばならず、一人で会社全体を引っ張っていくことが難しくなってきました。

経営者は会社で起こる問題に対して次々に決断を下した上、最終的な経営責任を負わねばなりません。私はそのような重圧に耐えながら、自分と苦楽を共にして、経営者として従業員の幸福を追求しようという使命感を持った共同経営者が欲しいと心から願っていました。

アメーバ経営によるリーダーの育成

そうした日々を過ごしているうちに、私は、従業員が百名を超えない頃は、自分一人で会社を経営することができたのだから、会社を二十～三十名の小集団に分割し、リーダーとして成長を期待できる人材にその運営を任せてはどうか、と考えるようになりました。

この考えをベースにして、私は「**アメーバ経営**」と呼ばれる経営手法を生み出しました。会社の組織をアメーバと呼ばれる小集団に分けてリーダーを置き、アメーバの経営全般を任せるという手法です。リーダーは、会社の方針に従いながら、自らのアメーバの目標を立て、その達成に向けて、アメーバ全体を引っ張っていくことが求められます。

ところが、実際の経営は、組織を細分化して、リーダーに任せさえすれば、それでうまくいくというほど、簡単なものではありません。リーダーとして訓練されていなければ、権限を委譲しても、リーダーにふさわしい行動を取ってくれませんし、自分が偉いと勘違いし、権力を濫用する者さえ現れることがあります。たとえ組織は小さくとも、リーダーには、経営陣の一員としてアメーバの経営を任せるわけですから、リーダーとしてのあるべき姿を正しく理解し、責任と自覚を持って行動してもらわなければなりません。

そこで、私はリーダーを選任する際、まず、リーダーとしてどうあるべきか、その役割や使命について諄々と説きました。さらに、アメーバの経営を実際にやらせながら、現場に行った時や会議の場などを利用し、「おまえのアメーバはここに問題があるのではないか。リーダーとしてこう考え、行動すべきではないか」と、折に触れて指導を続けました。このようにして、私はリーダーにアメーバ経営という活躍の場を与えるとともに、リーダーとしての教育を繰り返し、経営者としての意識を持った人材を育成したのです。

全員参加の経営

こうして育成したアメーバリーダーは、経営者としての意識を持っているので、「自分のアメーバをこのように伸ばしたい」という夢や願望を実現しようと、自らの目標を立て、その達成に向けて一生懸命に努力します。しかし、組織としての目標を達成するには、アメーバの全員を巻き込み、やる気を引き出す必要があります。

普通の会社では、上意下達により一方的に仕事を命じるというのが、通常かもしれません。しかし、「上司に言われたからやる」という考え方では、本当にやりがいを持って、積極的な仕事ができるとは思えません。一方、上司が部下に、「自分たちの目標を達成するにはどうすればいいか、知恵を貸して欲しい。共に会社発展のため尽くそうではないか」という態度で接し、日頃から従業員が経営に関心を持ち、経営に参加するよう教育をしていればどうでしょうか。部下は「自分も頼りにされているのだから、目標達成のために自分の役割を果たさなければならない」と意気に感じるに違いありません。自分の仕事に対して積極的に提案するようになり、責任感を持って働いてくれるはずです。

また、アメーバ経営では、各々のアメーバの採算が毎月発表されますので、アメーバ全員の努力の結果が、自部門の実績としてすぐに分かります。したがって、自分たちのアメーバの採算がどうすれば向上するのか、自らの持ち場や立場で考えるようになり、やりがいを持って仕事に取り組めるのです。

こうして、リーダーだけでなく、全従業員が経営者と同じような意識を持って経営に参画してくれる「**全員参加経営**」を実現することにより、全社が目標達成に向かって一致団結する体制ができるのです。

人は誰でも責任感や使命感を持った時、自ら燃えて仕事に打ち込みます。高収益経営とは、経営に積極的に参加する従業員が、目標に向かって一丸となる燃える集団となった時、初めて可能となるのです。

一言も漏らすまいとメモをとる塾生

【経営問答十三】経営責任を自覚し、積極的な社員を育成するには

◉質問

当社は、祖父の代から総合印刷と用紙、板紙の卸売りを営んでおり、現在では、資本金十二億円、従業員数約三百六十名の会社になっております。関連会社も四社あり、そのうち、地域情報紙の出版会社や地元産品の通信販売会社は順調に業績を伸ばしています。一方、親会社の業績は、安定しているものの伸びが少なく、新規開拓、新規事業の芽が出ていないのが現状です。技術革新、情報革命の進展で、経済構造が急激に変化している中、このままでは本業の将来が心配です。

社員と自分の思いが本当に一致しているのだろうか、目指すところが同じなのか、

という危機感があり、五年前に全社目標として株式の店頭公開に挑戦しました。その目標に向かって、全社員が一致団結して取り組んだ結果、ついに店頭公開を果たすことができました。

これから先も、会社をさらに発展させていきたいのですが、そのためには新たな目標を社員に提示すべきと考えております。また、社員一人ひとりが業績に対する責任を自覚し、目標達成に取り組む緊張感を持続し、時代に合ったスピード感のある行動をとってもらう必要があります。

そこで、新たな目標として、東証二部への上場と環境問題に対する企業の責任であるＩＳＯ一四〇〇〇の取得を掲げて取り組んでいますが、各々の社員が目標達成に向けて責任ある行動をとってくれるには、経営者として、どのような動機づけをすればいいのか思案しております。

また、事業には自ずと寿命があると思いますので、新規事業を模索し、営業・サービスの拡大を図っていかなければなりません。そのためには、事業の拡大と発展を積極的に推進する社員が必要ですが、そういう人材を育てるには、どうすればよいのか悩んでいます。

私は、経営者のパートナーとなり、同じ夢を追えるような社員を育てたいと考えています。社員が責任感のある行動をするための動機づけについて、また、新規事業を積極的に推進するための人材育成について、ご教示いただければ、ありがたいと思います。

◉回答　小集団に分けて経営者意識を芽生えさせ、指導せよ

分社よりも事業部に

あなたの会社は、すでに店頭公開まで実現されており、その意味では、たいへん成功しておられると思います。

印刷と紙の卸売事業は安定しているけれども、それだけではあまり発展の余地がない。やはり新規事業の芽を育てなければならないというので、新規事業を起こすために関連会社をつくられ、中でも地元産品を販売する通信販売会社と地域情報誌の出版

会社は、業績を順調に伸ばしていると伺いました。

私が気になる点は、あなたが次々と子会社をつくり、分社化されていることです。経営者は一般的に子会社をつくりたがるようですが、新規事業を分社化してしまうと、ただでさえ激しい市場競争の中で、社長の力が子会社に割かれてしまいます。また、親会社の従業員にとって、その子会社は、意識の上でよその会社になってしまいます。

会社が成長発展を続けるためには、次々と新規事業を起こしていかなければなりません。その新規事業を子会社としてしまえば、いくら新規事業が業績を伸ばしても、従業員にとっては、よその出来事になってしまいます。経営者にとっては、親会社も子会社も自分の会社ですが、従業員の意識の上では別会社となるので、いい意味でも、悪い意味でも、刺激を与えることが難しいのです。

ですから、私は新規事業を安易に分社化すべきではないと思っています。経営コンサルタントの中には、どんどん分社化をしなさいと言う人がいますが、私はまったく逆ではないかと思っています。

京セラの場合、広く出資を募った第二電電の場合は除いて、子会社をあまりつくってきませんでした。最近では、京セラ本体が相当大きくなってきたので、事業部などを分離して子会社にしていますが、従来、新規事業を社内の事業部として起こすことを基本としてきました。ファインセラミック技術をベースに、さまざまな多角化を進め、社内で次々と新規事業を起こしてきたことは、既存事業の従業員にも好ましい影響を与えてきました。

「わが社は古めかしい窯業の会社ではなく、最先端の技術を駆使するハイテク企業だ」というイメージを既存分野の従業員が持つようになり、それがよい刺激となって、「自分たちのところでも何か新しい事業ができるのではないか」と考えるようになりました。その結果、社内から新製品や新事業への芽が次々と出てくるようになったのです。

あなたの場合も、今ある子会社を親会社に合併して、事業部化されたらどうかと思います。子会社の社長が、よい経営をしてくれているならば、その人に事業部長になってもらうのです。そうすれば、本体の既存事業の従業員に対しては、「新しくできた通信販売の部門では、少ない人数ですばらしい実績をあげている。うちもがんばろうではないか」と励ますことができます。こうしたよい刺激を与えることにより、既存事業も含めた会社全体が活性化し、全従業員で新製品や新事業へ取り組む体制ができてきます。

経営の原理原則に従う

あなたの会社はすでに株式を店頭公開しており、従業員はすでに四百名近くになっていますから、トップであるあなたが、いつまでも一人で会社を引っ張るのではなく、従業員一人ひとりが業績に対する自覚を持ち、経営に参加するべき時期に来ていると思います。

今でこそ、私は盛和塾で講義をしていますが、創業当時は経営について何の知識もなく、損益計算書も貸借対照表も読めませんでした。そこで、経理部長に何度も質問しながら、少しでも会計について理解しようと努めていました。そのやりとりの中で、**「売上を最大にし、経費を最小にする」**ことが経営の原点であることに気づいたのです。それ以来、私は「売上から経費を引いたら、残りが利益なのだから、売上を伸ばし、費用をできるだけ使わないようにすれば、その差額である利益が最大になる」という原理原則に基づき、会社を経営してきました。

一般の経営者の場合、このくらいの利益率をあげたいと、先に利益のことを意識してしまいます。自分の業界の平均的な利益率が仮に五％だとすれば、自分もそれぐらいの利益率をあげたいと思うのですが、実際にそうなれば、それでよしとしてしまいます。すると、人間というのは不思議なもので、その線を越えられなくなり、利益率も自然と頭打ちになってしまうのです。

そのため、私の場合は、何％の利益率が妥当という考えを一切持ちませんでした。ただひたすら、売上をできるだけ増やし、経費をとことん減らすことに努力し、その結果が利益に結びつくと考えてきました。その考えの下に、私は全従業員とともに際限のない努力を積み重ねてきたので、京セラは高収益をあげることができたのです。

経営への参画により経営者意識を高める

今あなたがお考えのように、私も会社が成長するに従い、自分一人で会社を引っ張るのではなく、従業員一人ひとりにそういう意識を持って働いて欲しいと思いました。売上を最大にし、経費を最小にすると言っても、経営者が一人で考え、実行しているだけでは、やはり限界があります。実際に現場で働いている従業員が、売上を少しでも増やし、経費をできるだけ減らそうと思わなければ、採算が向上するはずがありません。

そこで私は、会社を小集団に分けて、その組織にリーダーを置き、独立した中小企業のように経営するという「アメーバ経営」を生み出し、実践してきました。この場合、アメーバの全員が、自分たちで経営するという意識を持って仕事に取り組むことが必要です。私は、会社発展のために自分たちの手で事業を立派にしていこうという全員参加経営を標榜し、全従業員の意識改革に力を注ぎました。同時に、アメーバを率いるリーダーにも、経営者の一員としてその使命とあるべき姿をことあるごとに指導してきました。

そういう教育により従業員に経営者意識が芽生えれば、自分たちのアメーバをよくするために、売上をどうして増やそうか、経費をどうやって減らそうか、積極的に考えてくれるようになります。

あなたの会社には、印刷部門に何種類かの機械があると思います。高度な美術品の写真を印刷するような機械から、パンフレットを印刷する機械まで、さまざまな印刷機があるはずです。また、営業にも専門があって、高級な写真集などの注文を取りに行く人もあれば、パンフレットやチラシの注文取りに行く人もあるでしょう。

たとえば、パンフレットなどに使用する印刷機の部門を一つの班とします。先ほど述べた社員教育を行い、その班のメンバーに班を自主的に運営してもらうことにします。すると、メンバーは自分の班の収益を最大にするために、印刷機をフル稼働させて、売上を増やそうとし、インク代、紙代などすべての経費を減らそうと努力します。また、営業に対しても、「会社や学校を回って、うちの班の注文をもっと取ってきてくれ」とハッパをかけるようになります。このような班を次々につくっていけば、各班のメンバーがその部門の業績に対し、責任感を持つようになります。

こうした業績向上に対する意欲が生まれ、班の経営が順調にいき始めると、従業員は「社長、私の部門に製本機を入れて下さい。もっと受注を増やすことができるはずです」といった提案をするようになります。そうなれば、すべてをトップダウンでするのではなく、「自分のところの業績を伸ばすためには、こういうこともしたい、あいうこともしたい」といった積極性が従業員に生まれてきます。

従業員に経営者と同じ意識を持ってもらうには、みんなに会社経営や事業展開について興味を持ってもらわなければなりません。雇われ人として、言われたことだけをやればいいというのではなく、経営に自ら参加してもらうには、会社を小さな部門に分けて、その経営をメンバーに任せることです。任されれば、興味が湧きますし、経営に参加してその成果が出るようになれば、仕事にやりがいや喜びを感じるようになります。こうした小集団による意識改革を行えば、従業員の経営者意識は一段と高まり、新規事業へも積極的に取り組んでくれるに違いありません。

【経営問答十四】自燃性の幹部を育成していくには

◉質問

以前に塾長から、人間には自ら燃えるタイプの自燃性の人、火を点ければ燃えるタイプの可燃性の人、何をしても燃えない不燃性の人、この三つのタイプがあるというお話を伺いました。当社の経営幹部にあたる部長クラスは、現在、火を点けると燃えるが、自らカッカと燃えることのない「可燃性」の状態です。どうすれば「**自燃性**」の経営幹部にすることができるのかということが、私の悩みです。

当社は「食」に関する専門商社として、外食産業分野向けに厨房設備、食器や道具類、またフランス料理、イタリア料理、中華料理の専門食材を販売するほか、製菓・

製パン食品加工業分野に油脂、粉、イースト等の原材料や包装資材、食品加工機械を販売しています。併せてそういった工場や店舗づくりの運営ノウハウを提供していま す。この五年間の売上は横ばいで、営業利益率は数%と低迷しています。

それでも、八年前から大卒の定期採用を始め、会社の風土もずいぶん変わってきました。現在、従業員は六十名ほどいますが、いい人材が増えてきて、社員の顔を見ていると、会社の中身がまったく違ってきたことが実感できます。

しかし、肝心の幹部クラスがあまり機能していません。私自身、幹部クラスに経営者意識を持ってもらうべく、トップとしての考え方や当社の将来、そこに至るための基本的な戦略、さらに私の商売についての基本的な考え方も示していますが、なかなか変わってくれません。また、下からの情報が幹部により寸断されて、私に伝わってこないという問題も生じています。

当社のようなお客さま密着型の卸売業が他社との競争に勝つには、お客さまの倉庫や在庫の内容を完全に把握することが、重要なポイントになります。しかし、それすら自分の部下に徹底できないのが現状です。また、お客さまの商品戦略にも関与していかなければならないと話していますが、思うようには動いてくれません。

管理職とは、会社の基本的な考え方である経営理念を現場に浸透させる重要なパイプ役であり、部下に指示を伝えるだけの役割ではないと考えます。現場の実態を十分把握した上で、基本的な考え方をベースに市場で勝利を収める戦略、戦術を立て、最も合理的かつ効率的な戦い方を指揮することが管理職の職務であると考えています。管理職という呼称から、部下の仕事をチェックすることが仕事だと思いがちですが、それでは単なる管理作業であり、本来の管理職ではないと思います。

私から見れば、彼らは管理職としての職務を十分に果たしていないので、しばしば彼らを公然と叱責するのですが、耳を貸すどころか、ふてくされているありさまです。経営幹部が思うように育っていないのは、私が合理的な組織運営を急ぐあまり、我流を通してきた結果ではないか、また部下に対して感謝が不足していたのではないかと反省をしております。

私には会社を店頭公開するまでに成長させたいという夢があります。その目標を果たすためには、相手の感情を第一に考えて、今の叱咤激励型のマネジメントスタイルを改めるべきではないかとも悩んでいます。

経営幹部の育成について、ぜひご指導をお願いします。

◉回答　若い人を登用して育てる

部下への感謝の気持ちを忘れず、叱咤激励すべき

あなたの側近である幹部の人たちが、あなたといっしょになって会社経営に全身全霊を打ち込んでくれなければならないのに、一生懸命やってくれない。そういう不満があって、あなたがみんなの前で幹部の人たちを叱責する。そうすると、幹部の人たちのメンツが立たなくなるものだから、膨れっ面をする。たしかにこのままでは、会社がよくなるはずがありません。

中小企業で売上を伸ばそうと思うなら、幹部の人たちも若い社員といっしょに毎日のように客先を回って注文取りをする必要があります。新しい食材の情報を東京へ行って集めたり、東京で流行しているお菓子を地元のお菓子屋に紹介して、その食材を使ってもらう。いくら情報化社会とはいえ、生きた情報を得るためには、自分の足で客先を回らなければならないはずです。

本来、管理職とは、現場の実態をよく把握して、戦略、戦術を立て、みんなを叱咤激励して、軍団を勝利に導く武将であるべきです。しかし、そういう器でないのであれば、一軍を任せるのではなく、参謀として社長付きなどにするしかありません。そうして、若い人を小隊長、中隊長に抜擢して、実戦部隊を別につくるべきです。そうしなければ、注意する社長もたいへんですし、叱られる幹部も辛いわけです。

古参の従業員で、以前はたいへんよくがんばってくれたという気持ちから、なんとかその人を立てようと思っても、その人に力量ややる気がない場合には、はずれてもらうしか方法はありません。その下にどういう人が育ってきているか、よく見極めなければなりませんが、可能な限り、若い人を抜擢することです。冒頭、若い人材が入社し、だいぶ雰囲気が変わってきたとおっしゃいましたので、その人たちを頼りに会社を伸ばしていくべきだと思います。

もう一つ。部下から反発されるので、今までの叱咤激励型の方法を変えようと思っておられるようですが、その必要はありません。厳しく叱るけれども、「今日があるのは、みんなが一生懸命やってくれたおかげだ」という感謝の気持ちがあれば、あなたの言動は変わってくるはずです。周囲に対して感謝の心を忘れなければ、あなたの厳しさも自然にマイルドになっていくだろうと思います。厳しい反面、相手のことを思いやる、人間味あふれる経営者になるよう、常に心がけていれば、部下は必ずついてきます。

トップの後押しをしてくれる若手を育成

あなたの会社のような専門商社は、たしかに商売が難しくなってきていると思います。食材をレストランやお菓子屋さんに納める商売は重要な業種でしたが、情報システムや物流システムの発達により、そういう中間業者を省こうという動きが盛んになってきています。

その中で、会社をさらに伸ばして店頭公開まで持っていきたいと考えるなら、会社はあなたが旗を振れば、一糸乱れずついてきてくれる、火の玉みたいな燃える集団でなければなりません。それなのに肝心の幹部が斜に構えているようでは、さぞかしお困りだろうと思います。

あなたの会社の業績を見ると、収益性が低い状態ですから、今のままで拡大していってはいけないと思います。私はいつも売上高税引前利益率一〇%を目指そうと言っていますから、五%の利益率すら出せないようでは、経営的に不安定です。しかし今の幹部が態度を変えない以上、利益率一〇%の達成は難しいでしょう。

トップが旗を振れば、「社長、やりましょう!」と、あなたを後押ししてくれるナンバー2、ナンバー3がいなければならないのに、そうでないことが問題です。しかし、これはあなたの会社だけの問題ではなく、たいていの会社が抱えている問題なのです。社長を後押ししてくれる人材をいかに育成するか。それが、伸びていく会社になるか、低迷する会社で終わるかの分水嶺となります。

あなたがおっしゃるように、どうしても幹部が変わってくれないのであれば、思いきって若手を抜擢するべきです。単に頭がいいとか、仕事ができるという人ではなく、あなたを信頼してついてきてくれる若手を起用するのです。

その上で、抜擢した若手に任せきりにするのでなく、折にふれて教育・指導して、あなたの思想を十分理解してもらうことです。そういう人材が幹部として成長し、あなたを支えてくれるようになれば、会社の様子は一変するはずです。

【経営問答十五】筋肉質経営を目指すが、デキの悪い社員をどうすればよいか

◉質問

私はゴルフ場の支配人をしています。アルバイトを含めて従業員は百七十名です。昨今、業界は低迷していますが、当ゴルフ場はおかげさまで入場者数も順調に伸びています。

以前は一人でがむしゃらにがんばってきましたが、盛和塾に入塾してからは、塾長から教えていただいた経営哲学を従業員と共有したいと思うようになり、自分の言葉で発信するように努めてきました。今では、それが従業員にも少しずつ浸透しつつあ

るという気がしています。これからもスタッフの優秀さゆえにお客さまが集まるゴルフ場にしていきたいと思っています。

私は企業というものは仕事のできる人たちの集団、無駄なぜい肉のない「筋肉質の集団」であるべきだと思っています。ところが、面接をして有能だと思う人を採用したにもかかわらず、実際には仕事のはかどる者と、はかどらない者に分かれてしまいます。仕事のはかどらない者には機会を見つけて、研修会、セミナーへ参加してもらうなど、いろいろな勉強をしてもらっているのですが、一向に改善の様子が見られません。

現在の状況、立場、将来の役割やポストなどについて話をし、注意するのですが、進歩が見られません。本人の自覚が足りないのか、指導の仕方が悪いのか、よく分かりません。その人たちにどこまで注意をすればよいのか、どの時点で割り切ったらよいのか、その境界線の判断に迷っています。

そういう人たちも会社において必要な存在として活用すべきなのでしょうか。もしそうだとすれば、「**筋肉質経営**」という企業の理想像から乖離してしまうことになるのではないでしょうか。

◉回答　人間性と忠誠心を見極める

会社に対する愛情があるか

能力があると思って採用したけれど、いざ仕事をさせてみると、できる人とできない人がいる。できない人をどう扱うべきかを考えた時、私がいつも「利他の心を持ちなさい」と言っていますから、あなたはできない人でも従業員としていっしょに守っていかなければならないとお考えになるのだろうと思います。

企業は弱肉強食という競争社会の中で生きていますから、生き残るためには無駄のない筋肉質の企業体でなければなりません。それなのにデキの悪い人、働きの悪い人まで面倒を見なければならないというのは競争原理と矛盾するのではないか、それをどういうふうに考えていけばいいのかというご質問です。おそらく真剣に経営をしておられる方であれば、誰でもそういう悩みを抱えておられると思います。

私は、仕事ができない人については、その人の仕事や会社に対する気持ちがどうなのかということを最初に問います。もし、その人が会社のために一生懸命、誠実に働こうとされているならば、大事にしていこうと思います。

あなたの場合であれば、「私はこのゴルフ場が好きなのです。せっかく採用していただいたのですから、なんとかこのゴルフ場の発展のためにがんばろうと思います」という気持ち、それがあるのかどうか。言葉を換えると、会社に対するロイヤリティ、忠誠心があるのかということです。

会社に対して愛情も尊敬もあまり持っていない。給料のために勤めているだけで、この会社でなくてもいいという人、一生懸命やる気がない人であれば、時期を見て辞めてもらうことを考えるべきだと思います。それは冷たい仕打ちではありません。相手が一途に惚れてくれているのに、それを切るというのなら、たしかに冷たい仕打ちでしょう。しかし、この場合は、相手の心が冷たいから、こちらもそうせざるを得ないのですから仕方ありません。

一番難しいのは、会社が好きでがんばってくれていても、仕事はあまりできないという人をどう遇するかという問題です。

同じ給料ならば、もっと仕事ができる人を雇ったほうが、割がいいに決まっていますが、それでも、私は会社が好きで一生懸命働いてくれる人であれば大事にすべきだと考えています。

石垣の中でキラリと光る小さな石も大切

昔から「人は石垣、人は城」と言います。企業を城に見立てれば、従業員は石垣です。石垣の中には、大きい石もありますし、小さい石もあります。頑丈な石垣には、大きい石だけではなくて、その大きな石と石の間に必ず小さな石がたくさん嵌《は》め込まれていて、この小さな石が、石垣全体を強固にする働きをしているのです。

この小さな石のように、能力はそれほどなくても人間性がすばらしく、周りの人の心をまとめ、一生懸命、会社のために尽くそうとされている方がいます。そういう人は、会社を筋肉質で経営するのには無駄だと思われるかもしれませんが、決してそうではありません。そういう人を雇用しておくということは、短期的にロスを生じさせているように見えますが、長期的に見ると組織を強固にしてくれるので、会社にとって大きな財産となるのです。

私は何度もそういう体験をしています。京セラがまだ中小企業の頃、よその会社を見れば、気の利いた従業員がたくさんいる。それに比べ、ウチの従業員はと見ると、「こんな鈍い人ばかりでは、会社が大きくなるはずがない」と嘆いていました。ところが、この人は能力的に見てどうかなあと思ったような人に限って、会社に残って一生懸命、がんばってくれました。会社をこよなく愛し、身を粉にして働くものですから、その人自身がやがて立派な幹部として成長していき、会社に大きく貢献してくれるようになったのです。

一方、中には、目から鼻へ抜けるほど気が利いている人もいました。頭もいいし、仕事もできる。コンパの時も私の横に来て、二言目には「社長を信頼しています。どんなことがあろうとも、私は社長について行きます」と言ってくれます。私にしてみれば、こんな優秀な社員が入ってきてくれてなんと嬉しいことかと喜んでいたのですが、そういう人は、何かあると途端に会社を去っていきました。

すばらしい人間性で部下に接し、累積損失を一掃した男

私と一緒に京セラを創業した仲間の話ですが、その人は、すばらしい人間性を持っており、仕事にも常に全力で打ち込んでいる人でした。創業時からずっと一緒に苦労してきたのですが、仕事の成果はいまひとつパッとしないところがありました。人はいいのですが、酒飲みで、飲んだら底が抜けるわ、随所でミスをするわで、大事な仕事を任せるわけにはいきませんでした。

京セラが上場して大きくなってくると、私はその人をいつまでも京セラの幹部にしておくわけにはいかないと思い、赤字続きの子会社に社長として送り込みました。

創業以来、私と苦労を共にして、今日の京セラをつくった一人です。その人を赤字会社の社長に出した。普通であれば膨れっ面をして、「こんな冷たい仕打ちをするのか、稲盛さんは」と言いたくなるでしょう。

ところがその人は、その赤字会社に行ってからも一生懸命努力したのです。赤字会社ですから、従業員のモラルもモチベーションも下がっています。そこで、その社長は、京セラ創業のメンバーの一人として大株主なので、その株を処分してポケットマネーをつくり、そのお金で部下に飯を食わせては「がんばれよ」、一杯飲みに連れていっては「がんばれよ」と励まし続けたのです。そうして、従業員を育成しながら、十二年かかって、何十億もあった累積損失を一掃し、会社を再建したのです。

しかも、それだけの仕事を立派にやり遂げたのに、ちっとも威張らないのです。私が、「あなたには本当に苦労をかけましたね」と労をねぎらうと、その方は、「いやいや、私は稲盛会長といっしょに仕事をさせてもらっただけでも幸せです。このくらいのことは当然です」と答えられました。

こちらも本当に頭の下がる思いでした。石垣を組む時、こういう小さくてもキラリと光る石があるからこそ、城が盤石になるのです。

筋肉質経営というのは、必ずしもやり手の人だけを選ぶことではありません。やり手の間に、人間味あふれるすばらしい人材がいなくては、会社は成り立たないのです。

ですから、能力はなくても真に会社のためを思い、役に立とうという人がいたら、そういう人を大事にすることです。目先の役には立たなくても、必ず将来、すばらしい仕事をして、みんなによい影響を与えてくれます。そう信じて間違いないと思います。

【経営問答十六】経営管理を徹底し、社員との意志疎通を図るには

◉質問

私はベーカリー、ケーキ、クッキーの製造販売、および、レストラン、スーパーマーケットを事業として営んでいます。地方都市にあり市場が狭いこともあって、それぞれの事業は小さく、直営店四店舗、テナント店六店舗の計十店舗を経営しています。決算内容は、売上高が三十八億円、経常利益が一億六千五百万円で、従業員数は二百五十名です。

経営管理の面でいつも気になっていることがあります。それは、市販の経理ソフトで数字を管理し、仕入れ代金を管理するシステムもソフトハウスに頼んだものを使っ

ているとです。その他についても、必要に応じてパッケージソフトをバラバラに導入しています。

塾長はよく、経営管理を徹底しろとおっしゃいます。私もぜひ、そうしたいと思っているのですが、どのように徹底すべきか、そのポイントを教えて下さい。

また、社員とのコンパについてよく話をされますが、塾長のコミュニケーションの原点は、このコンパにあるのではないかと思っています。社員とのコミュニケーションのあり方についても、ぜひ教えていただきたいと思います。

◉回答　アメーバ経営とコンパを組み合わせる

どんぶり勘定のまま会社を大きくしてはダメ！

いい点に気がついていらっしゃいます。最初は順調に事業を拡大したのに、経営管理面が不備なためにダメになった企業は数え切れません。

京セラが今日のような企業に成長したポイントは、二つあります。一つは、しっかりした経営理念を持っていること、もう一つはきちんとした経営管理システムを確立していることです。よく、「中小企業とデキモノは大きくなるとつぶれる」と言われますが、それは中小企業の多くは管理手法に問題があるからです。

私自身、もともと技術系の人間なので、最初は経理について何も知りませんでしたが、経理を知らなければ経営ができないということは、すぐに理解できました。企業会計には、財務会計と管理会計があります。財務会計は経営をした結果を計算するための会計です。それだけでは経営ができないので、実際に経営をしていく時に使える管理会計というものを、私は自分自身で編み出しました。それが、アメーバ経営管理です。

たとえば、私がセルラー会社（現在のａｕ）で携帯電話事業を始めた時のことです。この会社は携帯電話の基地局を各地につくり、携帯電話のインフラを整備します。その上で、利用者との間で契約を結び、携帯電話の通話サービスを提供します。また、当時は、携帯電話が非常に高価だったので、レンタルで提供することにしました。普通の会社であれば、これらを一連の事業としてまとめて管理するでしょう。

ところが事業の実態をつかむには、それだけではまだ不十分なのです。そこで、私は携帯電話の事業を分析し、契約事業、通話オペレーション事業、レンタル事業、付属品販売事業という四つの事業単位に分けることにしました。

契約事業では、会社がお客さまと契約した際の契約金を売上として、その契約締結にかかった費用を差し引いて、利益を出します。こうすれば、契約事業がひとつの事業単位として成り立ちます。

また、携帯電話サービスを開始すると、お客さまは毎月、基本料金、通話料、レンタル料を払うことになります。この部分では通話オペレーション事業とレンタル事業という二つの事業単位が発生します。

通話オペレーション事業では、毎月の基本料金と通話料が売上となり、基地局のメンテナンスや設備の償却など、通話に伴って発生した費用が経費となります。

レンタル事業は、携帯電話のレンタルがひとつのビジネスとなります。

それとは別に、携帯電話に必要なバッテリーなどの付属品を仕入れて、お客さまに売る付属品販売事業もあります。

私はこれらの四つの事業を独立した事業単位として分割し、それぞれ独立した採算管理をすることで、どの事業が儲かっているのか、損しているのかを明確にし、必要な対策がすぐにとれるようにしたのです。

ガラス張りの独立採算管理を徹底

あなたの場合、ベーカリー等の製造販売事業があり、レストラン事業があり、スーパーマーケット事業があります。アメーバ経営を行うのであれば、それらの事業をすべて独立採算事業として管理します。また、ベーカリーであれば、パン製造部門と小売部門がありますが、これらも別管理にします。また、いろいろなタイプのレストランも経営されているので、それぞれを独立採算部門として管理します。もし、同じレストランの中で、一部が焼肉をやり、一部が和食をやっているとすれば、レストランの中を二部門に分け、それぞれを独立採算で管理し、従業員も部門ごとに割り振ります。そうして、各部門を独立採算部門として管理すると、その実態がガラス張りになります。

アメーバ経営管理で大事なことは、部門ごとに売上が集計されると同時に、その部門が使った経費が明確になることです。そうしておけば、部門ごとに集計された売上から、その部門の経費を引いて、その部門の利益を把握することができるからです。

たとえば、レストランでは、毎日、売上がキャッシュレジスターで計算されていま
す。費用はどの部門でどういう経費を使っているか分かるように、各部門の勘定科目
ごとに集計しておきます。それもできるだけ詳細に、食材であれば、食肉、魚介、野
菜などに分類しておきます。その他にも、調味料、おしぼりやペーパーナプキンなど、
必要に応じて細目ごとに経費を集計しておきます。そうすれば、どの費用が増えてお
り、どの経費を削減すればよいかが一目瞭然となります。

レストランの場合、食材の在庫管理が難しいところだと思いますが、安くなるから
といってまとめ買いをするのでなく、無駄を出さないため、当座に必要な分だけ食材
を仕入れればよいのです。生鮮食品はあまり日持ちしないので、仕入れたものは、使
おうと使うまいとその日の経費としてすぐに処理します。

さらに、家賃のように毎月決まった経費は、日割り計算することができます。その
他、ガス代、水道代なども日割りで計上します。そうすれば、概算ではありますが、
毎日の損益が出せるので、採算管理を徹底して行うことができます。

こうして計算した採算の実態を、責任者だけでなく、全従業員に開示し、採算意識

を共有化するのです。従業員に対して、勘定科目ごとに「この経費がこんな金額になっているから赤字なのです。みんなで注意して、この経費を減らしましょう」と細かく説明すると、従業員もどの経費をどう減らすか、自ら工夫できます。これだけ詳細に経費を管理しようと思えば、市販のパッケージソフトをそのまま使っていたのでは不十分です。その事業に合った管理方法やシステムを自らつくり出さなければならないのです。

コンパは人間関係を築く好機

京セラではコンパというものが従業員とのコミュニケーションの原点になっているのではないかと言っておられましたが、まさにその通りです。

社員に教育だといって集まってもらい、総務部長が四角四面に「気をつけ！　社長が今から話をします」と言っても、従業員は一見、真面目に聞いているようでも、その話は右の耳から左の耳へ抜けています。人間は心を開いて「なるほど！」と思わなければ、どんなにいい話でも心に響かないものです。私は従業員に素直に耳を傾けてもらうために、お酒を飲んでみんなが心を開いた時に話をすることにしました。堅苦しい雰囲気の中でなく、お酒を飲みながら語り合うことが大切なのです。

もう一つ大切なことは、いつもたいへん苦労をかけているという思いやりの心です。「がんばれ、がんばれ」と言って毎日苦労させているのですから、せめてコンパの飯ぐらいおごってあげたいという思いやりが大切です。

京セラの最初のコンパは夜鳴きうどんで始まりました。それも素うどんです。会議が深夜に及んだ時、近くを通る夜鳴きうどん屋に、熱いうどんを持ってきてもらい、みんなですすりました。たとえ、うどん一杯であっても「ご苦労さま」という気持ちでやることですから、従業員も心を開いてくれます。そこで私は日頃から思っていることを話しました。

和やかに、真面目な話をする酒宴

その後、会社の規模が大きくなると、酒の席を設けてコンパをするようになりました。酒が進むと、当然ガヤガヤし始めます。すると、必ずくだらない話を始める人が出てきます。そういう話は面白いので、みんなの注意がそちらに集まりますが、私はそういう人をよく叱りました。中高年で中途入社した人たちは、面白おかしい酒宴かと思ったら、そうではないので、「京セラのコンパはちっとも面白くない」と嫌がりました。

そんな人たちに私は、こう言いました。「酒はいくらでも人間を堕落させることができる。酒に飲まれるような飲み方は下の下だ。おまえみたいに、お酒に飲まれるようなら、飲む資格はない！」。実際にそういうお酒の飲み方をすれば、京セラでは一発で叩き出されてしまいます。

「面白おかしく騒いだり、憂さ晴らしをするばかりが酒の飲み方ではない。人生について、仕事について、大いに語り合う、そういう飲み方をしようではないか」。京セラのコンパでは、飲めば飲むほど真面目に話をします。

最初は「どうぞみなさん、美味しいお酒と食事を楽しんで下さい」と言って、和やかな雰囲気をつくり、みんながニコニコして飲み食いしている時に「ちょっと待って下さい。今気づいたことですが……」と話を始めます。すると、みんな真剣に耳を傾けてくれます。そして、話が終わると、「さあ、また飲みましょう」と懇談を続けるのです。

リラックスしながら、根は真面目というのが、私のコンパのやり方です。胸襟を開いて、酒を酌み交わしながら、全人格的なつきあいをする。これぞ心と心のコミュニケーションと言えるのではないでしょうか。

終章　高収益経営を目指す

京セラは初年度、二千六百万円余りを売り上げることができました。税引前利益は、売上の一割に当たる約三百万円でした。会社を始めた一年目から三百万円の利益が出たと聞いて、たいへん喜んだことを覚えています。

それには理由がありました。新会社設立にあたり、西枝一江《にしえだいちえ》さんという恩人が、自分の家屋敷を抵当に入れてまで、銀行から一千万円の運転資金を借りて下さいました。この分なら、その借金が三年で返せると思い、喜んでいたのです。

ところが、そんな私に向かって経理の担当者が、「三百万円というのは税引前利益であって、税金を納めると半分しか残りません。その上、役員賞与や配当を出せば、手元に残るのは百万円ほどです」と言うのです。

これでは一千万円を返すのに、十年もかかると思い、私は愕然としましたが、気を取り直してこう考えました。「税引前で売上の一割にあたる三百万円の利益が出ても、税金等を引くと百万円しか残らない。それならば、利益処分後でも三百万円の利益が残るようにすれば、一千万円の借金も、三年で返せるではないか。今の何倍も利益が出るような経営をすればいいわけだ」。

この発想の逆転が、京セラ高収益経営の原点となりました。創業時の借金をできるだけ早く返すために、私は高収益経営を目指したのです。それ以来、京セラは常に高収益となるよう努力を続けているため、いかなる不況が訪れようと、今日まで一度も赤字になったことがありません。戦後の日本企業史を見ても、稀な記録をつくっている会社だろうと思います。

なぜ高収益でなければならないのか

京セラが高収益企業の道を歩み出したのには、このようなきっかけがあったのですが、それでは本来、会社はなぜ高収益でなければならないのでしょうか。当たり前のような話ですが、経営上重要なことですから、その理由を私なりにまとめておきたいと思います。

一、財務体質を強化する

一番目の理由は、財務体質を強化することです。

事業には必ず資金が必要となります。通常であれば、高収益経営は手元資金を増加させていきますので、資金を蓄積する上で必要になります。また、高収益により増やした手元資金を借金返済に充てれば、支払利息を軽減することができ、ついには無借金経営を実現することが可能となります。

また、利益をあげれば、約半分は税金として納め、残りの半分は手元に残ります。そこから配当などを行った残りを内部留保に回せば、自己資本が増え、経営を安定させることにつながります。

もちろん、資金調達の方法としては、銀行からの借金を頼りに事業を拡大していく方法もありますが、「銀行は天気のよい日には傘を貸すが、雨が降れば傘を取り上げる」という言葉があるように、銀行は経済状況や事業環境が悪くなれば、容赦なく資金を引き揚げます。銀行にばかり頼っていては、いざという時資金繰りに困るのです。

そうならないためにも、普段から高収益により手元資金を増やし、財務体質を強化する必要があるのです。

二、将来に備えて経営を安定化させる

高度成長期の頃でしたが、賃金の上昇がとても激しく、賃金上昇率が毎年数十パー

セントに及ぶという時代がありました。賃金上昇は、会社にとってコスト増になりますので、採算を大幅に悪化させる恐れがあります。また、近年の円高やデフレなどの経済環境の激変により、いつ不測の事態が起こるとも限りません。

ところが、会社がもともと高収益体質であれば、若干の減収になっても、簡単に赤字になることはありません。もし、経済環境や経営状況の悪化により減収減益になったとしても、高収益企業であれば、財務内容がしっかりしているので、あわててリストラや賃金カットをしなくてもすむのです。つまり、高収益は、近未来に起こり得る負担増や売上減など不測の事態に対して、どのくらい耐えることができるかのバロメーターとなるものです。

このように将来にわたって、経営を安定させ、従業員の雇用を守るため、会社は高収益であらねばならないのです。

三、高配当で株主に報いる

高収益により利益が増えるということは、未処分利益が増加することを意味しますので、株主に対しても配当を増やすことができます。つまり、高収益をあげれば、経営を圧迫することなく、株主に対して安定した高い配当を行うことができるのです。

最近の投資家の中には、「株価さえ上がれば、配当はどうなろうと気にしない」という、キャピタルゲインに偏重した見方をする人もいます。しかし、本来、高収益をあげた会社は、配当を厚くして株主に報いるべきです。配当利回りが高いことは、株主にとって歓迎すべきことであり、会社に投資してくれる株主を増やす働きがあります。このように配当を高め、株主に報いることが、高収益経営を目指す三番目の理由です。

四、キャピタルゲインを株主にもたらす

上場企業であれば、業績が伸びていけば、通常、株価も上昇していきます。そのため、高収益経営は、株主にキャピタルゲインをもたらすことにもつながります。これが高収益経営を目指す四番目の理由です。

また、株価を上昇させるには、手元資金により自社株を購入するという方法もあります。市場で流通している自社株を自ら買い上げて消却し、発行済株式総数を減らせば、一株当たりの価値を高めることができます。

そうすれば、自社株買いにより、株価を上昇させることで、株主に報いることができるのです。それも高収益の結果として、豊富な手元資金があるから可能となるのです。

五、事業展開の選択肢を広げる

さらに、会社が高収益により手元資金が増えれば、その資金を使って新規事業に乗り出すことができます。これが五番目の理由です。

京セラは一九七三年の第一次石油ショックを契機に、ソーラーエネルギー（太陽電池）事業を開始しました。当時はまだ太陽電池の需要が少なく、研究開発も十分進んでいなかったので、長い間、採算が合わずに苦労しました。今では、家庭用ソーラー発電システムなどの需要が急増し、事業としての採算も向上し、京セラの重要な事業の一つになっています。

会社を発展させていくためには、どうしても新規事業を始めなければなりませんが、その道のりは決して平坦なものではありません。事業開始当初は赤字が続くこともあり、その負担に耐えるだけの財務体質がなければならないのです。ソーラーエネルギー事業でも、京セラに資金的余裕があったからこそ、長年の苦しい時期を乗り越え、事業を伸ばすことができたのです。

一方、既存事業が低収益で、ジリ貧の状態にもかかわらず、やむを得ず新規事業に手を出し、それが命取りになってしまったという例はたくさんあります。低収益の会社では、新規事業のリスクを十分とれないため、選択肢そのものが狭められてしまうのです。

新しい事業展開の選択の幅を広げるためにも、高収益であるべきだというのが五番目の理由です。

六、M&Aでグループ力を強化する

六番目の理由は、高収益経営を実現すると、蓄積してきた手元資金により他の企業をM&A（企業の合併・買収）で傘下に入れることができるということです。

もともと財務体質が弱い会社が、無理な借金により他社を買収すれば、大きなリスクを背負うことになります。一方、高収益で手元資金が豊富な会社であれば、資金調達に何ら悩むことなく、大胆なM&Aを行うことができます。その結果、新しい事業や人材を自社に取り込み、新たな事業展開を図ることが可能となるのです。

以上、私の体験を振り返りながら、会社はなぜ高収益でなければならないのかという六つの理由を挙げてきました。これらは高収益であることが、会社経営をいかに有利に展開させてくれるかを如実に示しています。

心の底からの強い願望が高収益の原動力

それでは、会社を高収益にするには、どうすればよいのかということが問題となります。世間には、「いかに利益を増やすか」といったハウツー本があふれていますが、そのような枝葉末節を論ずる前に、私はもっと根本的なことがあるのではないかと思っています。

それは、経営者自身が「自分の会社をなんとしても高収益にしたい」という、心からの願望を持つことです。社長が高収益でありたいという強い願望を持ち、強い意志を持って経営していかなければ、いかなるノウハウを使っても、会社の利益を伸ばしていくことは困難です。それも希望するといった程度の思いではなく、どうしてもそうしたいという、「**心の底からの強い願望**」が必要なのです。

そのことに私が気づいたのは、昭和四十年頃、京都で行われた松下幸之助さんの講演を聴いた時でした。

会場は聴衆であふれていて、私はいちばん後ろの立ち見席でやっと話を聞くことができました。その講演の中で、幸之助さんは「ダム式経営」、つまり、川にダムを建設して、常に水を貯えられるような、余裕のある経営をすべきだという話をされました。講演後、質疑応答の時間に聴衆の一人が、「たしかにダム式経営はすばらしいと思いますが、今、余裕のない零細企業はどうすればいいのでしょうか。その方法を教えて下さい」という質問をしました。

幸之助さんは、しばらく考え込んだ後、「そんないい方法、私も知りまへん。でも、まず、余裕がなけりゃいかんと思わなあきまへんな」と答えました。すると、それでは答えになっていないとばかりに、会場は笑い声に包まれました。

しかし、その言葉は私の心を打ちました。「そうか。ダム式経営をしたいと心から思えば、なんとかしようともがき苦しみ、その中から解が生まれてくる。でも、そう思わなければ、何の解も出てこない。まず、余裕ある経営をしたいと、心から思わなければならないのだ」。

幸之助さんの言いたかったことは、人間はそうしたいと強く願わなければ、何事も成就できないということです。自分がそうしたいと信じてもいないことを、一心不乱に打ち込めるはずがありません。強い願望を心に抱き、その実現を心底願うことが、ものごとを成就させる原動力となるのです。

私の場合、創業当時は自分の家屋敷を抵当に入れて京セラをつくって下さった恩人に、借金を返そうという必死の思いがありました。一刻でも早く返そうと、寝食を忘れて仕事に打ち込んだおかげで、創業して十年後には、無借金経営を実現しました。

その後も資金的な余裕を生み出すダム式経営を実現しようと、あらゆる知恵を絞って、誰にも負けない努力をしてきました。その結果、私の社長在任時代には、京セラの売上高税引前利益率は、二〇〜三〇％台を推移していました。

そのおかげで、一九八四年に第二電電を創業した際には、京セラの手元資金が千五百億円を超えていました。その余裕資金を背景に、京セラは、第二電電の創業という巨大なプロジェクトに、後顧の憂いなく挑戦することができたのです。ＮＴＴというガリバー企業に果敢に挑戦できたのも、このような資金的な裏付けがあったからに他なりません。

強い願望を持つことで、企業を高収益体質に導くことに成功したのは、何も京セラに限ったことではありません。私はいつも盛和塾の塾生に対して、「売上高税引前利益率が一〇%も出ないようでは、事業としての値打ちがない」と言ってきました。当初、塾生たちは、それは無理ではないかと戸惑っている様子でした。

しかし、私が繰り返し、繰り返し、その必要性を説くうちに、多くの塾生は「自分の会社も高収益企業にならねばならない」と心から思うようになりました。その結果、今では利益率が一〇%を超える塾生企業が続出し、これまでに株式公開や上場に至った会社は百社を超えています。

これらの塾生企業が証明しているように、経営者が「我が社は高収益企業になるのだ」と心から願い、誰にも負けない努力をすれば、いかなる業種においても高収益は実現できるのです。

年に一度の全国大会にて、優秀な塾生企業を表彰する

盛和塾について

盛和塾は、塾長稲盛和夫から「人生哲学」や「経営哲学」を真剣に学ぼうとする経営者のための経営塾です。塾長を囲み、経営を学ぶ塾生が切磋琢磨する場として、全国各地区の盛和塾で活動しています。

入会資格は、原則として1940年（昭和15年）以降生まれの満30歳以上の方で、旺盛な意欲と熱意で学び、実践しようとする経営者または経営者に準ずる方です（各地区世話人会で簡単な入会審査があります）。

なお、盛和塾に関する問い合わせ先は、以下のとおりです。

〈盛和塾本部事務局〉

〒600-8411

京都市下京区烏丸通四条下ル水銀屋町 620番地

COCON烏丸 5F

Tel : 075-361-6740　Fax : 075-361-6750

http://www.seiwajyuku.gr.jp/

稲盛和夫（いなもり・かずお）
1932年生まれ。鹿児島大学工学部卒業。59年京都セラミック株式会社（現京セラ）を設立。社長、会長を経て、97年より名誉会長を務める。84年には第二電電（現KDDI）を設立、会長に就任。2001年より最高顧問。
　また84年には稲盛財団を設立すると同時に「京都賞」を創設。他にも、若手経営者のための経営塾「盛和塾」の塾長として、後進の育成に心血を注ぐ。
　主な著書に、『稲盛和夫の実学』『ガキの自叙伝』（ともに日本経済新聞社）、『成功への情熱』『稲盛和夫の哲学』（ともにPHP研究所）、『生き方』（サンマーク出版）などがある。

〈実学・経営問答〉
高収益企業のつくり方

二〇〇五年三月十四日　一版一刷
二〇〇五年四月　一日　　三刷

著者　稲盛和夫

発行者　小林俊太

発行所　日本経済新聞社
http://www.nikkei.co.jp
東京都千代田区大手町一－九－五　〒100-8066
電話番号（〇三）三二七〇－〇二五一
振替番号　〇〇一三〇－七－五五五

印刷・製本　大日本印刷・大口製本

ISBN4-532-31173-X

読後のご感想をホームページにお寄せください
http://www.nikkei-bookdirect.com/kansou.html

稲盛和夫の実学――経営と会計

稲盛和夫著　会計がわからんで経営ができるか！　バブル経済に踊らされ、不良資産の山を築いた経営者は何をしていたのか。身近なたとえ話から、キャッシュベース、筋肉質、採算向上、透明な経営など七つの原則を説き明かす名著。

稲盛和夫のガキの自叙伝――私の履歴書

稲盛和夫著　度重なる挫折にもめげず、人一倍の情熱と強い信念をもって京セラを世界的な企業に育てた硬骨経営者の自伝。「経営は利他の心で」「心を高める経営」という独特な哲学、公私にわたる忘れがたきエピソードを熱く語る。

危機突破の風土改革ドラマ
なぜ会社は変われないのか

柴田昌治著　残業を重ねて社員は必死で働くのに、会社は赤字。社内には不信感が渦巻き、人も給料も減らされ、上からは改革の掛け声ばかり。こんな会社を本当に蘇らせた手法を迫真のドラマで描く大ベストセラー。

実践ガイド・企業風土改革の進め方
なんとか会社を変えてやろう

柴田昌治著　変革のために何から始めればよいのか。問題を見えやすくする.感度の悪い上司をなんとかする。トップの求心力が鍵。気楽にまじめな話をする場づくり――現場体験から成功の秘訣を説き明かす。

ケーススタディ・企業風土改革
ここから会社は変わり始めた

柴田昌治編著　自分の会社がどういう風土・体質のレベルにあるかで変革のプロセスは異なる。現場の生々しい声、ドラマを再現しながら、経験豊富なプロセスデザイナー達が実践ノウハウを体系的に整理して解説。